等待是最溫柔的對待，一場用生命守候的教育旅程

慢慢來我等你

看似簡單的一句話，
卻也最療癒人心，
因為這句話，
我們改變了以往
「快點快點」的催促聲，
我願意等我的學生，
也學著同理我的孩子。

余懷瑾——著

目錄

推薦序

004 慢慢來，仙女會等你！——王永福

007 最溫暖的仙女老師——葉丙成

009 如果仙女是您的高中國文老師——謝文憲

012 生命中影響一個人最深的老師——蘇文鈺

自序

014 等待是最溫柔的對待——余懷瑾

Chapter 1 你好，我是仙女老師

018 一個沒有念過高中的高中老師

025 做好這三件事，不怕面對新環境

031 同理心從來都不是用說的

039 沒有教學瓶頸才是瓶頸

047 勇敢說出自己的故事

055 素人之姿登上TEDxTaipei

Chapter 2 孩子，我希望你懂……

066 讓學生具備帶得走的能力

078 成功者該具備的特質

089 選擇坦白，建立信任

096 十秒鐘看出一個人的溫度

104 學測考不好，然後呢？

111 學測之後，學生怎麼做？

Chapter 3 慢慢來，我等你

119 教師班級經營做得好 學生課前預習意願高
126 不再把「分數」視為「公平」的唯一理由
134 培養學生擁有自己的觀點
141 尊重弱勢，出現彩虹
148 慢慢來，我等你
156 懂得關心，才能「不關心」
162 書寫比嘶吼更有力量
170 了解學生特質，縮短師生間的距離
177 培養學生發言勇氣的三個方法
184 教學的迷人之處是什麼呢？
191 學著放手也放心
199 開啟師生間互相學習的契機
207 勇於突破，看見不一樣的景色

Chapter 4 讓我們一起發現孩子的天賦

217 找出關鍵密碼，成功地扭轉學生的學習
225 看見孩子生活中，節節逼近的「灰犀牛」
231 孩子，人生本來就不公平！
238 為什麼孩子變成了他們不喜歡的那種大人
245 這一句話，改變了他（她）
253 孩子渴望父母和老師做到的事
259 支持孩子做的決定
266 幫助孩子成為自己，成就他（她）的人生
273 畢業典禮之後，你還願意與老師對話嗎？
280 AI望塵莫及的溫度與情味

慢慢來，仙女會等你！

閱讀著仙女老師書上的文字。一個一個的故事，描述著她教學上的許多場景，以及她跟學生間真實的互動。看著看著，我眼淚就這樣不經意的留了下來。

第一次看到仙女老師，是「改變的勇氣」系列環台演講的花蓮場。颱風才剛通過的假日，我很驚訝她特別從台北坐火車到花蓮，只是為了聽一場演講。而且事前透過ＦＢ，我知道她除了是一個忙碌的高中老師，家中也有女兒需要她特別照顧。我不懂是怎麼樣的動機，才會讓一個媽媽在假日奔波？只是為了聽一場演講？那時，我還不懂。

隔沒有多久，仙女老師竟然出現在我的簡報教室。二〇一六年一月，仙女老師報名我的簡報課程，在第二天的簡報演練，她分享了她自己在班級與特殊生相處的故事，並在簡報最後談到她的女兒。這是一段用身教，影響一群高中生的動人故事。而在教人的過程，也讓自己學到了很深的功課。雖然仙女老師淡淡的說，但是現場至少有一半人拿起了桌上的面紙，也包括我。動人的並不止是故事，而是仙女老師對學生的用心。這段故事，後來也成為仙女老師登上大舞台的基本架構。

但是仙女老師的學習之路，並沒有因此中止。再過四個月，仙女老師再次進到憲哥的說出影響力教室。進一步磨練說故事的技巧。在沒有投影片輔助的狀況下，仙女老師更自在了。她用真誠的文字，堆疊出一個個動人的故事。在強者環繞的學習環境中，她拿到了當次比賽的冠軍。而在賽後憲哥馬上趨前跟她說：「太棒了，您一定可以上更大的舞台，跟更多人分享您的故事！」

然後，再過四個月，二〇一六年九月，仙女老師在通過了素人海選及Open Mic複賽甄選後，正式登上TEDxTaipei的舞台。談特殊生的班級經營及反霸淩。在演講結束後，許多觀眾起立為她喝采，掌聲超過一分多鐘才中斷。仙女老師大概是當天獲得掌聲時間最久的人。演講結束，仙女老師在台上靦腆的笑著。我們真的很替她開心！

如果你想知道，如何讓看似沈悶的國文課，卻讓台下的高中生全心投入，熱烈搶答。如果你想知道，是怎麼樣真情對待，才會讓學生在畢業後還回來學校找老師，甚至，讓學生都為她感動，甚至畢業典禮後，還親自縫製一件衣服送她。如果你想知道，怎麼樣讓身處叛逆期的青少年，能比規定的時間提早到校，甚至在不小心遲到後，還會心甘情願的接受有教育意義的懲處。這些看似不可能的情形，書上有太多的描述。你一定會邊看、邊笑、邊流淚！

這本書裡面有太多的細節跟技巧。不止專業的老師可以看，家長更是需要特別買回來看。因為像這麼有挑戰性的國文課，以及這麼有挑戰的青少年，如果都能夠搞得定。這絕對是為人父母最想學到的功課。而裡面真誠待人及成長的故事，更是每個人都可以從中得到許多學習！

看完書後，我終於了解為什麼仙女老師如此認真，如此努力，不斷的讓自己成長&學習。這一切都是因為「愛」，一份對學生的愛！也希望讓這樣的態度，能讓更多人深受感動。甚至起身追隨。我想，這才是仙女老師最想達成的目標吧？

如果你還沒起身跟上？沒關係，用句仙女老師在 TEDxTaipei演講上的金句——「慢慢來，我等你！」

（ps. 永福 20170814 ，22：23 於望安海邊）

上市公司簡報教練
憲福育創共同創辦人　王永福

最溫暖的仙女老師

看到這本書，我內心非常感動，也非常激動。看著裡面懷瑾老師跟每一個孩子之間的故事，讓我覺得她真的是知音！懷瑾老師所做的，是不斷地找尋方法讓孩子有動機學習，溫暖地跟孩子對等溝通建立信任關係。更重要的是，她把學生當作自己孩子一樣的栽培。看到她為學生所做的點點滴滴，正是我心目中理想老師的典型。

當一個學生，對於學習毫無興趣，上課只想趴著睡覺。大部分老師看到這樣的學生，心裡面都會很無奈、甚至是很生氣的。但這樣的學生，在教學現場並不少見。如果老師只能選擇忍受他、接受他，那這些孩子在課堂上就只是不斷地浪費自己的生命。對於老師自己而言，每天在課堂上看到如此惱人的情景，自己也會越來越洩氣。對工作的熱情也一點一滴地流失了。到最後，工作就變成在數日子等退休了。好可惜！

懷瑾老師面對這樣的學生，她會想辦法去讓孩子有動機學習。書裡面的幾個例子，都讓我印象很深刻。但只有好的教學設計還不夠，更重要的是老師跟孩子之間的信任關係有沒有建立。如果老師跟孩子之間沒有堅韌的信任做基礎，老師是無法說服孩子去做種種的努力讓自己成長的。

當我看到書裡說，新的班級孩子從一開始連懷瑾老師跟他問名字都不願意說，我心裡面一沉，這對老師是多大的挑戰？在書裡面，可以不斷地看到懷瑾老師在班級經營的用心，讓孩子們覺得這個老師跟別的老師不一樣！她看到我們的亮點、她在乎我們、她願意栽培我們，甚至，她願意跟我們道歉！

只有當老師把孩子平等地對待的時候，孩子才會願意跟老師建立信任關係，也才有機會把他們的心對老師打開、聽進老師的諄諄教誨。懷瑾老師在這塊真的非常用心。這也是為什麼我們可以在書中看到好幾個孩子畢業後，給老師的溫暖字句。看到這些溫暖字句，會讓人覺得能當老師這個工作，跟這麼多年輕的生命結緣、幫助他們，這真的是非常幸福的！

除了班級經營，懷瑾老師也很努力希望幫孩子建立生命的大格局。為孩子邀請到各行各業的傑出人士來班上跟孩子們分享。希望讓孩子有機會接觸外面的世界，對自己的未來能有更多的思考與想像。如果不是把學生當作自己的孩子去栽培，哪個老師願意花這麼多力氣去做這些事呢？

懷瑾老師另外讓我很感動的，是在她為學生奉獻這麼多心力的背後，家裡還有腦麻的孩子要照顧。為了孩子、為了學生，雖然兩邊都要顧好很辛苦，但她還是撐過來了。懷瑾老師所展現的堅毅，實在讓人動容。

在大家感嘆老師不好當、心裡充滿挫折的年代，來看這本書吧！它會讓你重新尋回熱情來面對你的孩子們！

台大電機系教授　葉丙成

如果仙女是您的高中國文老師

如果說老師是點亮學習動機的電池，那仙女老師肯定是行動電源，一個接上她即可讓手機運作無虞的行動電源！

二〇一五年七月，我與福哥在後山門諾醫院舉辦「改變的勇氣」募款演講，演講開始前，一位穿著鮮豔、笑容迷人、客氣有禮的聽眾上前致意，她是余懷瑾，萬芳高中國文老師，人稱「仙女」。

如果她是人生勝利組，一帆風順到今天，無需我來歌功頌德。但她有兩位身心障礙的孩子，又是一位自己沒念過高中的高中國文老師，但最終能夠出版個人對教育觀點的經典書籍、登上2016 TEDxTaipei演講、用創新的翻轉教學法帶領高中生學習國文，她儼然已成全國教師的模範。

我跟她互動頻繁，無論是在教室裡、演講場合、企業訓練場域，都可以感覺她對教學的無比熱情。

有次我帶她到企業演講場合，分享她即將於幾天後登上TED演講的內容，演講後學員傳訊息給我：「憲哥，如果仙女是我的高中國文老師那該有多好！」

「怎麼說呢？」

「我的高中國文老師只會叫我們死背，上課沒有熱情，明明還有幾年才要退休，搞得一副明天就要退休一樣，我的大學聯考國文成績很差，自己不用功怨不得老師，但我相信，她若來帶我們班一定會很不一樣。」

我回了一個笑臉。

其實跟該位學員有一樣感受的人一定不少，只要您進入過她的教室。

翻轉教育不是特異獨行，更不是擺弄花招，而是用更有效的方法幫助孩子學習。我時常上電視節目，也很常接觸大學生，所謂專家老是說：「台灣的孩子草莓族，大陸年輕人有狼性。」這樣的論點一則以喜、一則以憂，而且也只對了一半。

如果老師上課真的很無趣，學生趴下睡覺或是吃雞腿便當，也只是學生儲備課後體力、不能翹課的無奈辦法罷了。我相信學生一定有錯，但也不能保證老師一定都對，老師試想：「自己的教學方法，真的適合時下學生嗎？」

仙女的國文教學有趣、有料、有種、有心，教學是結果導向的，能夠幫助學生學習的方法就是好方法。

她運用白板教學法，讓學生聚焦。

她運用稿紙教學法，讓學生習得遲到的改善之道。

她運用校外知名人士到學校演講，開拓學生的人生視野。

她運用小組競賽法，讓學生學習團隊精神。

她運用「寫站舉傳」四步驟，讓學生知道沒有人在教室內是無用的。

她運用耐心與愛心，讓全班同學尊重身心障礙者的學習權益。

她用「慢慢來，我等你」六字訣，讓全台家長與老師知道，有溫度的教學對學生有多重要。

她的教室，是最歡愉、最吵鬧、效果卻最好的高中國文教室，我誠摯推薦本書，家長、老師都該看的經典好書。

看完本書，您將發現：「仙女不只是電池、行動電源，她是超強發電機。」

知名講師、作家、主持人 謝文憲

生命中影響一個人最深的老師

第一次見到余懷瑾老師，雖然她一副笑瞇瞇的樣子，但是眼眸裡閃著光芒，我猜她應該對學生很有辦法，不過是嚴格精準多於溫柔的那種。所以當後來聽人家以仙女老師相稱，我想大概是指灰姑娘裡面叮囑孩子在十二點鐘以前一定要回到家的仙女教母那種。

看了余老師的新書，才體認這位仙女老師是融合嚴格與溫柔於一身的老師。

當老師以來，我聽過三種帶一個班級的作法。第一種是只要把前三分之一的學生帶好，讓他們考上前三志願，這樣就可以幫忙培養出支撐社會的菁英。第二種是前三分之一的學生會自己念書，後三分之一的學生很難救起來，所以只要把中間那三分之一的學生推上去，就可以跟學校交代得過去了。第三種是要帶起後三分之一的學生，讓他們的將來不會毫無希望，如果連這些學生都可以帶起來，那麼就可以激勵其他三分之二的學生做得更好。

假如你是老師，那麼你會選哪一種呢？

對每一個老師來說，同理心是最重要的，而同理心很難是天生的。未曾是後三分之一學生的人，是不會懂假如連父母與老師都放棄他們，心上會有多麼難過的感受。在《做孩子的重要他人》一書中，我是那個在國小一、二年級吊車尾的孩子，假如不是我的老師，願意想辦法慢慢教我，很難想像今天的我會在哪邊。所以除了大學教授的工作外，我選擇到偏鄉去教孩子們寫程式。

看過余老師的書，方才知道余老師的同理心也不是天生的。那是經歷過無數的苦難折磨才會知道沒有人幫助的孩子是多麼難過。每個不好教的孩子都有屬於他們的磨難，有的是身體上的障礙，有的是心理的，這些孩子會有很多資源可以幫助他們。但是那些身體與心理都看不出來障礙的孩子們的心，有時連自己都不知道自己是被困住了，這時只有最敏感的心才能感知他們的苦處，才能幫助他們掙破牢籠，飛向藍天。

有時孩子們只需要一句「慢慢來，我等你」，就會願意多付出一份努力，就會有勇氣不放棄，就會永遠都記住在人生的旅途裡，曾經有一位關心他的老師，當這位老師對他的關照力量夠強烈時，不管以後這個孩子遇到什麼苦楚就都可以熬得過來。

我生命中遇過好多位好老師，這些老師都是我遲來的父母親。對余老師的學生來說，余老師不僅是仙女老師，也是媽媽老師。

對於任教多年的老師，這是一本很棒的工具書。對初為人師的老師，這是一本激發熱情的書。同時，這也是一本每個父母親都該擁有的書，因為父母親是孩子最初的老師，能夠用書中的方法帶自己的孩子到國中的年紀，應該一輩子都不需要再為孩子的未來操心。

國立成功大學資訊工程系教授　蘇文鈺

等待是最溫柔的對待

我知道，我是個很幸福的老師。

我任教的第一所學校位於嘉義，面試那天共錄取了三位老師，我被分派到高職部，另兩位老師則到升學班。在高職部上課得花很多時間管秩序，學生經常刻意的檢視我：「你台北來的不會講台語喔。你講國語我們聽不懂啦！」這一開始的語言障礙倒成了我課堂的亮點，我的台語愈不輪轉，學生反而愈來愈不想睡覺，大家聯合起來糾正我，當我不知道該怎麼講出我的想法，全班會像猜謎一樣猜出我想講的，再幫我用台語翻譯出來，我就能順利地好好教我的國文課。離職前夕學生們不捨的眼神，我至今仍記得。人事主任告訴我：「余老師，當年錄取的三位老師，你是唯一一個在試教時會引起學生動機的老師，所以我們讓你教高職部，他們非常需要你這樣的老師。」

回到台北之後，家長和學校都要求學生亮麗的成績單，我轉而變成追求學生課業成績的老師。然而那兩年我和學生都不快樂，一味追求高分跟追求高薪很像，數字上的增加並不盡然能帶來成就感，反而會陷入不知道為何而要的迴路。我反而發現我的學生各有各的才藝，他們會的我都不會，聽著他們手舞足蹈意氣風發的說著自己喜歡的事物，我才發現我想要成為我小學四年級的導師謝淑敏老師那樣重視學生特質的老師，讓每個孩子都能散發自己的光芒。

這麼多年的教學歷程，或許大環境對教育不是這麼的友善，但我們身為師長的急也急不得，陪伴孩子，等他找到喜歡的，等他嘗試錯誤，放慢腳步，等待就是最溫柔的對待。人生漫長，學會等待會讓我們更容易看見生命中的曙光與美好。希望這本書對老師、對家長、對孩子都能有所幫助。

余懷瑾

1 你好，我是仙女老師

我是一個沒念過高中的高中老師，在升學體制中的我，普通到極點，學習對我來說是痛苦的。五專畢業之後，我當了三年的程式設計師，反而開始明白自己想要的是什麼。於是，我插大中文系，大四那年開放師資培育，我因成績優異，修了教育學程。二十八歲那年，我站上講台成為國文老師。

大家好，我是余懷瑾，學生們都叫我：仙女。

一個沒有念過高中的高中老師

看著那些在教室裡度「秒」如年、萬般無奈的學生，就像對著鏡子看到國中時面無表情的自己，我一定要幫他們找到學習的動機與力量，這是我的責任。

求學階段的我，在升學體制中，乏善可陳。普通到極點。

小學的我，相貌平平，連頭髮都未及肩過，不知道怎麼綁馬尾或編辮子；課業普通，繪畫沒天份，書法鬼畫符，就連躲避球每次都是被球打到的那個。小學六年，每學期末成績單上老師給我的評語都是文靜有禮，沒有例外，我就是那種在團體裡不容易被看到的學生。小學時期有兩件事影響我極大，時時在教學的日常提醒著我。

第一件事，小學四年級，老師推舉我為班級模範生，平凡無奇的我竟然有資格成為模範生。三十多年前，一個動輒四五十人的班級裡，必得是出類拔萃的佼佼者才有可能是模範生候選人。我當時的導師謝淑敏老師對全班說：「**只要當選過模範生，這一輩子都是模範生，我們應該把機會讓給其他的人。**」老師因此提名我，這也是我在二十歲之前得到的唯一一面獎牌。

謝老師重視每一個孩子的特質，適時的讚美與鼓勵，成就了我，我鮮少在眾人面前被肯定，被表揚，當下真的覺得自己是個「好」孩子。一直到我成為老師，我才發現謝老師在我心裡種下了一顆種子，**我想跟謝老師一樣能看見每個孩子的亮**

點，讓每個孩子都能在他們能發揮的領域裡，得到專屬的榮耀。

呱呱叫的小鴨不能接受自己的聲音

第二件事，我從來沒參加過合唱比賽。當時，全校僅有一位音樂老師，我低了好幾個八度的聲音不被老師青睞，老師說：「余懷瑾，妳就不要上台了。」文靜有禮的我點點頭說好，就這樣我一次班級合唱比賽都沒有參加過。

當時年紀小沒能力反抗，只能默默承受。不知道從什麼時候開始，我嫌惡自己的聲音，有陌生人的場合，我不主動開口，若不是因為我是老師必須常常說話，我應該會更加地安靜，唯一不變的是，即使我現在已成年多年，在別人面前唱歌仍讓我極度不自在。

合唱比賽最重要的不該是歌聲，而是團隊合作，合作過程中從磨合到成長的甘苦與共，全班一起完成一件事的快感。如果回到當年，老師至少應該讓我上台搖搖鈴鼓或是敲敲響板扮演小螺絲釘，**就算是鴨子，也該教小鴨悅納自己的聲音才是！**

好成績才是唯一的價值觀

回想國中階段，我腦中只有無可救藥的課業成績。

英文課聽不懂，老是發呆，靠著窗台不小心就會睡著，往往罰站到下課；物理課聽不懂，老是考不好，達不到老師的標準，一分打一下，排隊打手心的每次都有我，手心和分數一樣紅；數學幾乎沒有及格過，不停的訂正再訂正，即使抄了十幾次的算式，永遠都是陌生而有距離的；家政老師每次都懷疑的問同學：「妳的作品是不是妳媽媽做的？」唯獨對我堅信不移。**老師們總說我不用心，其實不是這樣的，我比任何人更希望自己的成績好一點**，我拚命補習念書，我媽拚命煮豬腦給我吃，我的課業成績仍不見起色。

課堂上，我再怎麼專注還是抓不到老師說話的要點，目光也不敢望向老師，深怕老師正巧對上我的眼睛，問了我一個我連題目都聽不懂的問題，就只能無聊地看著黑板，抄著連自己都看不懂的筆記，聽課聽到睡著是常有的事。下課趕著去補習班，還有好幾次為了追公車跌倒膝蓋青一塊、紫一塊，每天補習到十點多回家，熬夜到十二點上床睡覺，隔天黑眼圈的背著重重的書包上學，**日復一日，心理素質每**

下愈況。

升上國三，你是什麼人不重要，重要的是成績才能幫助你抬頭挺胸。A段班一過篩，我就被篩到B段班，連我都看不到我自己，上課陪我打瞌睡的人多了很多，跟我一樣聽不懂的同學比比皆是。曾經想過「逃學」，卻沒有勇氣，現在想來，還好當時膽小怕事、自制力夠才沒有學壞。那段日子，不用自我否定，別人的眼光也警醒著我，成績不好就是沒出息，長久下來，我體悟到的是努力沒有用，比不上別人就是個失敗者。**人生蒙了層霧，看不到方向，走起路來頭低低的。**

好心態、好努力、好翻身

學習對我而言是痛苦的。國中畢業，選擇高中就要面對大學聯考，那我高中三年還是要坐在教室裡聽一堆不知道在說什麼的課程，為了逃避大學聯考，我選擇就讀五專。

同學慫恿我，念資訊出路很好，沒什麼主見的我跟著他們填了電子資料處理科。五專很自由，想學就學，不想學就蹺課，翹的課不算少，最主要的原因還是因為沒有興趣，冷冰冰的程式語言很枯燥。每次分組我一定要找會寫程式的同學幫忙，成績差到自覺的小心不被二一或三二，也就是避免拿不到二分之一或三分之二的學分慘遭退學，有驚無險度過了五專歲月。

畢業後，當了三年的程式設計師，上班無趣，下班玩樂，反而清楚地明白自己要什麼，想做自己喜歡而且有意義的事。我向公司老闆辭職，老闆准我一邊上班一邊準備插大，一、三、五只須工作半天，還可領半薪。三個月後成為中文系的大二新生。一直到大學我才找到學習的興味，茅塞頓開，埋首書中，修了教育學分，念了研究所。二十八歲那年，我當了老師。

幫助學生找到學習動機是老師的責任

那些在教室裡度「秒」如年、萬般無奈的學生，我就像對著鏡子看到國中時面無表情的自己。

於是，我做了許多調整，無論是活動設計或班級經營，或自費請各領域專家到班演講，只希望在五十分鐘的課堂裡學生能不排拒學習，**能找到學習的動機，就能轉化為主動學習的能量，這是身為老師的我的責任。**

仙女老師的悄悄話

★只要當選過模範生，這一輩子都是模範生，我們應該把機會讓給其他的人。

★重視每一個孩子的特質，看見每個孩子的亮點，加上適時的讚美與鼓勵，讓他們都能在自己可以發揮的領域裡，得到專屬榮耀。

★找到學習的動機，就能轉化為主動學習的能量，這是身為老師的責任。

做好這三件事，不怕面對新環境

每年開學，家長們都會不安地問：「孩子面對新環境該怎麼辦？」其實，只要孩子們願意做好這三件事，就能自己培養出面對新環境的能力。

今年，帶一〇六。

十二年前，我剛到萬芳，也是一〇六導師，同一間教室，物是人非。

新生始業輔導將學生集合到活動中心四樓宣佈「重要」事項，多是行政處室的報告，能分給導師跟全班學生好好認識的時間，少之又少，僅僅十五分鐘。

禮貌是第一張名片

第一天，導師時間只有五分鐘，我們師生像小學生一樣從說謝謝開始。

我站上講台發暑期銜接課程四聯單，逐一唱名，學生一個個到我面前，拿了就走。我看著他們稚嫩的臉蛋，第七個離開後，我忍不住問：「**從小，父母和老師都教過這個時候該說什麼？如果你害羞說不出口，是不是也可以點頭示意呢？**」

第八個學生起了頭說「謝謝」，一直到第三十六號，我每念一個名字，就會有一聲輕脆悅耳的「謝謝」或「謝謝老師」，凝視著我，我微笑以對。

我與新生第一次見面，第一次個別對話，我念著他的名字，他跟我致意。

不會就開口問是很正常的事

第二天，學生到活動中心拍大頭照，拖了許多時間，原本一節課的導師時間只剩十分鐘。

我：「教室的門剛才鎖著，不知道你們去了哪？我一個人在走廊上枯等，大概三分鐘左右，高二輔導學長跟我說，一〇六列隊去拍大頭照了。『那我在走廊等他們回來好了。』『大概還有三十個人沒拍，還要等很久喔！』我想想就走回導師室了。」

我把這段經過說給學生們聽，甲生反應很快：「妳有問題就要問，就不用站在走廊上等了。」我毫不遲疑肯定他的說法：「是啊！我也覺得自己很彆扭，怎麼不問，那你們有問題的時候也願意開口嗎？」

我問甲生：「你叫什麼名字呢？」

甲：「我不要告訴妳。」（看著依座號排的座位，我已經知道他是誰了。）

我：「可以跟我說你的名字嗎？你應該是全班第一個被我認識的學生耶！」

甲：「我不要告訴妳。」

我：「我尊重你。」

旁邊的乙生隨即說：「妳可以來拍照的地方找我們。」

我：「你怎麼這麼棒！可以讓我知道你的名字嗎？」

甲拉著乙的手阻止他說話：「不要告訴她。」

我：「你剛才為自己做了決定，選擇不告訴我你的名字。現在可以讓乙自己做決定嗎？」

乙：「奕菁。昨天，妳不會念我的名字。」

全班左一言，右一語的嘰嘰喳喳。

丙：「國文老師還不會喔。……。」

我：「我不懂，你們願意告訴我，我就可以馬上學會。我不會假裝跳過你的名字，然後問誰沒點到名？藉此套出你的名字，**不知道就多開口問，沒什麼大不了的。希望高一結束時，每位同學都具備表達自我的能力。**」

守時的人懂得規劃時間

如果拿捏不準家裡到學校的距離，可以嘗試在銜接課程這五天，計算出門路程、候車時間、捷運或公車班次，找出可以從容到學校的最佳時刻，最好還能有餘裕的吃個早餐，氣定神閒就有好心情。不然，每天一早在校門口躲教官，因為遲到被記警告，因為遲到受到責難，因為遲到坐在閱覽室無法進教室，索性乾脆放棄早自習的人不算少數。與其屆時怪東怪西怪制度，不如養成守時的好習慣。

我不喜歡遲到，上學如此，下課如此，**要求自己從容不迫，從守時做起。**鐘聲響起，全班下課，我向來準時。

新生開學最該知道的三件事

每年各級學校開學，許多家長不安地問：「孩子面對新環境該怎麼辦？」從做這三件事出發，培養孩子面對新環境的能力，自會有師長與同學伸出援手，孩子也能肩負起對自己的責任。

一、禮貌拉近距離：打招呼瓦解陌生的氣壓。

二、開口尋求解答：不會就問才能多點學習。

三、守時善於規劃：心不拖延才能從容不迫。

至於如何選書、如何選社團、如何繳交暑假作業、如何辦理制服的退換……，在意的學生就會記在行事曆上，若是記不得也可以上網查詢或請教學長姐與我，我也沒在這十五分鐘多交待了。

仙女老師的悄悄話

★面對新環境時，不妨從做這三件事出發，自然會有師長與同學伸出援手，孩子也能肩負起對自己的責任。

★從小，父母和老師都教過接受人家的東西時該說什麼？如果害羞說不出口，是不是也可以點頭示意。

★不知道就多開口問，沒什麼大不了的，每位同學都應該具備表達自我的能力。

★我不喜歡遲到，上學如此，下課如此，要求自己從容不迫，從守時做起。

同理心從來都不是用說的

話多不如話少，話少不如話好，這個社會需要的是站在身邊陪伴，進到心裡陪著感受焦慮與不安，以及陪著解決問題的同理心，而不是廉價而浮濫的同情心。

二〇一五年發生八仙樂園派對意外事件，疑似因以玉米澱粉及食用色素所製作之色粉發生引爆粉塵爆炸，及迅速燃燒而導致火災事故，共造成十五死、四百八十四傷。此次意外，新聞媒體陸續出現了指責醫護人員救援不力的聲音，怎麼會這麼想呢？這讓我回憶起緊急入院剖腹的那一段很久遠的歲月。

想當年，雙胞胎女兒七個月早產，住進了保溫箱，姐姐九百克，妹妹八百克，醫生說：「趕快取名字才能辦健保，不然，醫藥費負擔很沉重。」病危通知就像警報一樣，天天讓人心驚，家裡幾乎沒有多加討論，就把心裡最渴望的想法將兩個孩子命了名，平平和安安，天下父母親最初的心願，也是我們當時唯一的想法。

出生不到一週，安安即因「心臟導管閉鎖不全」進行手術。危險期，醫生說得少，總要我們安心等待孩子返家。穩定後，醫生才告知安安可能終身癱瘓，一輩子都得躺著，至於語言或認知能力，則不在醫生考量中，活著就好，活著的價值與意義是什麼在此時並不重要，兩個孩子都領有重大傷病卡與身心障礙手冊。我的眼淚有好長一段時間不曾停過。

夜晚時，我經常聽不見安安的哭聲，經檢查才知因為「心臟導管閉鎖不全」手術傷及左邊聲帶，**兩害相權取其輕，活命才是最重要的，醫生的初衷就是救人，如果有個閃失，失落最大的莫過於醫護人員與家屬，因為我曾是病患家屬，能感同身受，加上看到媒體對醫護人員的誤解，在八仙事件一爆發之後，我居然義憤填膺地第一次寫下我鮮少提及的生命歷程。**

努力是為了讓自己不遺憾

安安帶著鼻胃管與呼吸器回家，白白的小臉上經常是紅通通的，那是固定鼻胃管的膠帶不透氣所致，兩個孩子狀況不穩定，經常生病，醫院與家裡兩頭跑，初為人母的喜悅我來不及感受。

四處復健是我們的日常生活，舉凡物理治療、水療、職能治療、視知覺、認知課程、馬術治療、針灸、整脊、氣功、腳底按摩，只要是想得到的，又不危及安全的，我都帶著孩子去試，孩子需要安撫，我就在旁邊陪著。日子緊張、神經緊繃，我的眼淚經常不知道什麼時候就浸潤了眼眶。那時候，幾乎所有能詢問的社會福利機構都有我的身影，他們能給予的幫助杯水車薪，我們只能積極地尋求復健與可能的轉機。

除了健保，自費醫療的支出也極為可觀，付出的心力和車程往返往往耗盡我所有力氣，回到家還得持續的拉筋和按摩，腦子盡是哭哭啼啼的疲累畫面。孩子睡覺時，才發現世界安靜了，而我也累了。第二天，孩子睡醒之後，我的世界繼續忙碌運轉。

排拒在外的入學申請

四歲時，平平已會搖搖晃晃地走路，但一碰撞就跌倒，這樣的情況比不會走路更危險；安安還在地上爬行，雖已脫離鼻胃管，但餵食一餐往往需要一小時，大人很難分身做其他的事。早療老師建議讓平平安安上幼稚園，才能減少大人們白日照顧孩子的心理負擔。

我打了好幾次電話到中山區的公立幼稚園，電話那端每次都明確地告訴我：「不收腦性麻痺的學生。」我第一次寫信到市長信箱，請問像平平安安這樣既非重症，卻也不算狀況太好的身心障礙孩童，能安置在哪一所標榜融合教育的幼稚園？

很快地，幼稚園的園長一片至誠地邀請我們過去參觀，與昔日斬釘截鐵拒絕我的態度截然不同。**真正有愛心、願意教學的師長，不該在1999面前展現他們的專業，我們拒絕了這前倨後恭的誠懇。**

教育是同理心的城堡

在尋覓適合、願意接納平平安安的幼稚園的過程中，碰釘子是家常便飯，我可以體會老師不知道怎麼帶特殊兒童的心情，一家家地找，終於在士林區的孩子國幼稚園郭怡如園長的一句：「媽媽，妳不要擔心。」才卸下心裡的重擔。園裡老師雖有愛心，畢竟班級人數眾多，特殊生還是容易被忽略，但我們別無選擇，除了調適自己，還得調適孩子。我們被迫從一學期繳一萬多學費的公立幼稚園，變成就讀一個月繳兩萬多元的私立幼稚園，別無選擇。

大班時，我們找到了螢橋幼稚園，林郁宜老師發心地每週三天放學後陪孩子搭復康巴士回家，解除了我們長久以來漂泊的心。就這樣，我們繳了兩邊的學費，一週三天在螢橋，兩天在孩子國，這一年平平安安進步很多，**專業的特教老師看見了**

身心障礙孩童的侷限，也啟發他們對於世界的認識，安安也站起來學走路了。

同理心是站在你的身邊陪伴你，進到心裡陪你一起感受的，他擔心著你的擔心，感受著你的焦慮與不安，試著陪你解決問題，即使無計可施，你卻依舊感激。

人心是溫暖的。

浮濫的同情心

社會上仍有更多人關心著我們，不必要的關心，順道一提的關心，就跟動不動問適婚年齡男女何時結婚生子一樣地無聊，「我想請問一下喔，妳這個小孩是怎樣了？」我OS：「關你什麼事。」

「小孩四歲還不會走路喔，好可憐喔。」「你懷孕的時候是不是沒有誦經？」「這個病會不會遺傳？」他們站在我的對面，露出了遺憾與害怕的眼光，憐憫的言語，窺探似地打探對方的隱私，交淺言深，他們讓你相信你的狀況絕對是全天下最糟的，雪上加霜的關心。然後，很快因為這些人無謂的語言再度退縮牆角。

這條路我已經走了十二年。如人飲水，冷暖自知。十二年。

走一條不同的路

給旁觀者的建議：**話多不如話少，話少不如話好，不曉得說什麼就暫時什麼都不要說。**當這些年輕人出院後，我們的生命能給這些傷者最大的支持與鼓舞是更多的同理心，而不是廉價的同情心，這樣才能真正地幫助患者建立自信心，面對無盡地未來。

給當事人的鼓勵：八仙受傷的年輕人，初始最擔心的當然是活命問題，然而，最困難的卻是這些年輕生命接下來的人生路該如何走？如何重建自信心。**這社會什麼人都有，學著讓自己變得堅強，才能面對異樣的眼光，無所畏懼。**

仙女老師的悄悄話

★專業的特教老師看見了身心障礙孩童的侷限，也啟發他們對於世界的認識。

★同理心是站在你的身邊陪伴你，進到心裡陪你一起感受的，他擔心著你的擔心，感受著你的焦慮與不安，試著陪你解決問題，即使無計可施，你卻依舊感激。

★話多不如話少，話少不如話好，不曉得說什麼就暫時什麼都不要說。當這些年輕人出院後，我們的生命能給這些傷者最大的支持與鼓舞是更多的同理心，而不是廉價的同情心，這樣才能真正地幫助患者建立自信心，面對無盡地未來。

★學著讓自己變得堅強，才能面對異樣的眼光，無所畏懼。

沒有教學瓶頸才是瓶頸

其實我可以快速處理這種課堂學生氣焰凌駕於老師之上的爭吵，但是我沒有。在與學生們課後溝通後，坐在辦公室中，我有氣無力，開始思考這幾年來在教學上的瓶頸……。

學校首頁上出現了這則「一〇四學年度台北市教育局創新教學參訪及文化見學團出國人員遴選」的簡章，我想了想覺得自己不適合參加，也就沒在意了。

同事好意地問我要不要報名歐洲參訪團，我實話實說：「出國還要講英文，不好意思去佔了人家的名額。」同事見多識廣的說：「隨行應該會有翻譯，有機會就去試試看。」

甄選的條件

其實，我心裡還是想參加甄選的，截止收件前五天，上網查了一下出國要檢附的資料：

（一）有意願出訪之教師，須提出課程發展與教學創新之提案，提案內容應該包含：

1、教學省思：評估自己的教學能量與瓶頸，並且說明教學的理念與海外參訪期許。

2、教學計畫：說明依出國計畫目標之設計理念、對應之學科及單元、學生學習目標，設計教學活動、時數，以及學生學習評量方式，規劃教學之相關資源。

3、教學成長：規劃如何記錄教學之歷程，依出國計畫目標進行省思與修正，返國後分享教學成長模式。

（二）審查方式：聘請學者專家依據提案進行審查，選出優秀提案教師補助出國考察。遴選十三名台北市中學（含國中、高中職）教師參與。

這些年教案比賽的經驗，時間是很重要的變數，時間充裕我可以依據自己實際做過的成功的教學活動寫出真實而複雜的教學現場的教案，我有這樣的自信。不過，這一次申請時間太短，光看到「評估自己的教學能量與瓶頸」這一點，我想不到應該寫什麼，也不想編些莫須有的事情來寫，我又打了退堂鼓。

或許老天爺想讓我參加甄選

申請截止前三天，星期三的第六堂課，我依慣例從後門進教室，四個回收籃幾乎滿了出來，照理來講，回收籃八分滿時，就應該要處理掉，我疑惑地大喊：「怎麼沒倒回收？」如果被我知道是誰掃除不認真，我一開口先是責備，沒有二話。

我還來不及開口，進誠倒先暴怒了起來，指著坐在第一排靠窗的雯雯說：「是妳沒回收！」雯雯不甘示弱地說：「昨天我倒過了，你昨天沒來上學，是你沒回收。」進誠怒目橫眉站起來吼著：「昨天我沒來上學是妳回收，那妳沒來上學的時候，也是我在回收啊！」唇槍舌戰，戰火喧天，我這個老師倒像看戲的路人，靜靜地走到講台，請學生翻開《台灣通史序》。此時，我以前的學生一定會猴急地跳出來說：「仙女怎麼可能不生氣？」「仙女不可能不生氣？」照理來講，我有很多的方法可以快速處理這種課堂學生氣焰凌駕於老師之上的爭吵。

一、直接大聲斥責進誠目無尊長。
二、怒丟粉筆不上課，甚至怒丟其他講台上所有物品，殺雞儆猴。
三、你膽敢在全班面前給我難堪，必須當著全班的面向我道歉。
四、讓班長請教官到班上處理此事，我在一旁怒氣沖沖。
五、故意挑起大家的情緒，讓全班學生覺得全都是進誠的錯。
六、激憤地講出這一年來對進誠的所作所為，所有不滿一次爆發。

結果，上述這些我都沒有做，也什麼都沒說，我壓抑住可能爆發的情緒，想到其他學生何辜，為了避免波及「良民」，我在心裡深吸一口氣，好長好長的一口氣，平靜地與學生討論連橫寫作《台灣通史》的緣由。後來想想，**我竟然能在學生喧賓奪主的場合裡，控制住自己的脾氣，沒有過多的情緒發洩，而且超乎想像的冷靜穩定，這跟我原本處理學生問題的模式截然不同。**

當事人的說法

我鎮定地上完五十分鐘的課，一下課，請進誠和雯雯到講桌前，用我們三人才聽得到的音量問：「誰沒倒回收呢？」兩人互踢皮球，責怪對方沒做好回收，兩人都常請假不到校，兩人都認為他們單獨回收的那一天，並不會造成回收量的爆增，兩人愈講愈不投契，爭執蓋過我的探詢。進誠衝上講台，我嚇得往後退，進誠正在氣頭上，眼看要掠過我揮拳朝向雯雯，一旁的學生架住了進誠，進誠身不能動，嘴裡罵個不停，講了許多語帶威脅的話，這二十分鐘的下課，讓我和雯雯飽受驚嚇。

我請進誠五點放學再來辦公室找我，想當然爾，這次就得花時間深談了。我告訴他：「我可以在教室裡罵你，而我沒有。」他了解地向我九十度鞠躬說：「仙女，對不起。」我讓他知道剛才那些威脅的話都是不該的，造成聽者心中恐懼，他說：「仙女，我不是針對妳，是針對雯雯。」他強調他做了回收卻被誤會，心委屈了，我們在這裡打轉許久就像困在死胡同裡，他講的是回收，我講的是恐嚇。「**對任何人都不能出言恐嚇，需要負擔法律責任的，造成他人恐懼就該道歉。**」，進誠傲氣地拒絕我，我的心又揪了一下。隨即他難為情的說：「我不好意思啦！不然你明天上課CUE我。」

這件事解決了。六點半我有氣無力地坐在辦公室，眼眶紅紅的，開始認真思考我歷年來的教學瓶頸。第二天國文課，我一進教室喊了進誠的名字，他順水推舟對著雯雯道歉，前一天他叫我CUE他就是這個意思。

找不到的瓶頸

又是三個沒日沒夜的日子，飆寫出十五頁的參訪計畫。

進誠事件後，我發現自己情緒處理出現了轉折，從厭倦與嫌惡學生的衝突，到讓學生在憤憤不平中表達真實的感受，**不刻意維持表面和諧，從而有機會了解問題的癥結**。我開始回首檢視這數十年的教學生涯，教甄失利、計畫不過關、撤換導師、與家長意見不合、教學手法被批評為過於新潮，關關難過卻關關過，我反思過關的原因。

關於教甄，我原本只設定考台北與新北市的學校，九次失敗之後，我考取外縣市正式教師，隔年再轉戰台北市，繞了點路回到台北市，謹記初衷莫忘。

關於計畫不過關，我自己成為計畫的主人，自掏腰包，自辦班級名人講座，邀請專業人士演講，不受限於任何計畫。

關於撤換導師，我年年擔任導師，做沒有人想當的苦差事，始終甘之如飴。

關於與家長意見不合，我去上溝通課，寫部落格讓家長了解我的理念。

關於教學手法被批評，我辦理公開觀課，拍攝教學影片，讓更多人看到學生在課堂的喜悅，教育應該多點嘗試。

我從國中時期追公車跌倒，就知道要在旁人訕笑的眼中爬起來，**我習慣遇到問題嘗試解決問題，面對問題，不從問題中逃走**。

「**沒有瓶頸就是最大的教學瓶頸**」，申請書上我這麼寫著。

九月份我去了歐洲參訪，並非全額補助，自費五萬元，這是甄選上才知道的事。

仙女老師的悄悄話

★沒有瓶頸就是最大的瓶頸。

★跌倒了，就從旁人訕笑的眼中爬起來，遇到問題嘗試解決問題，面對問題，不從問題中逃走。

勇敢說出自己的故事

參加「說出影響力」這堂課，讓我踏出舒適圈，探索人生的另一種可能，我學會了不靠投影片就能在眾人面前侃侃而談，學會了鼓起勇氣，說出自己的人生故事。

說實話，我其實很害怕上台，如果有投影片還可以掩飾我的不安，沒有投影片的場合，我得在事前花許多時間處理我的緊張。

二〇一六年六月八日，我終於報名了連續十年獲《管理雜誌》評選為兩岸華語知名企管講師謝文憲（憲哥）「說出影響力」這門課，這距離我第一次聽憲哥的演講整整一年。我們學校老師也要出來上課？我的想法是**學校老師更要跨界學習與社會接軌，我想學著不用投影片就能說出我想說的話。**

二度說出影響力的憲哥

二〇一五年六月八日，「成功者絕口不提的人生選擇」這場演講是我第一次見到憲哥，舞台上的他有著五月天的熱情，就連最後一排觀眾都能夠透過聲音和肢體動作感受到他的活力四射。憲哥賣力地用「麥克風」傳遞「信念」，當老師以來，我的手中一直握有麥克風，卻依舊嚮往憲哥在舞台上火力全開的揮灑自如。他說：「台灣不缺抱怨的人，只缺捲起袖子做事情的人。」於是，在六月二十七日八仙塵爆後，我在部落格寫下〈同情與同理〉一文，第一次說出我們家平平安安的故事。

二〇一五年七月十二日，我去了「憲福講私塾」花蓮公益場的演講，我這輩子都沒想過會為了聽一場演講遠赴花蓮。憲哥那種撼動生命的聲嘶力竭，讓我甘心花十二個鐘頭來回台北花蓮，這次之後，我就不再「貶抑」學生風靡韓星的驚人之舉了。這一場演講是憲哥和福哥聯手登台，兩人相互以對方的主題演說，在自己的主場內給對方吐嘈的空間，在玩笑中揶揄對方，在言談中看到對方的好，他們都說自己的故事，互動帶來的是更多的感動和影響。

「說服他人去做他原本不想做的事」就是說出影響力，憲哥的兩場演講，都讓我踏出舒適圈，探索人生的另一種可能。

說話記公式節省時間成本

「說話」是憲哥與生俱來的天賦，況且他自己都說：「不是你的天賦，再怎麼努力也沒有用。」那「說出影響力」若想製造偶像崇拜，跟憲哥要兩張簽名照放在書桌前膜拜就好啦，何必開課？**這堂課的神奇就在於說話有「公式」**，連說話都有「公式」，套入「公式」就能講一場從一分鐘到兩小時的演講，真的很神奇。

我從小最喜歡背公式，不能理解就照單全收，有洞就跳就有基本分；能夠理解就能舉一反三，偶爾來個大躍進，分數開紅盤。「說出影響力」就是把「公式」教給你，上課限時演練，回家無盡地演練，從出場到結尾須練到像背九九乘法表一般，人家問你三七，不假思索地說出二十一，這有兩大好處：

一、節省時間：設法將以下「公式」套入，就是一場觸動人心的演講：十個必殺開場白、主講人的魔術方程式、演講的介係詞和片語等，省卻許多摸索時間。

二、進階之路：在「公式」中找出自己的風格，就能從「手中有劍，心中無劍」的技術層面，進階到「手中無劍，心中無劍」出神入化的格局。

與其我挖空心思才能參透，不如節省摸索的時間成本，**上課是不二選擇，成長最實在。**

說自己的故事最難

最精采的是自己的故事，這道理我懂。我這麼陽光的人，陰暗的過往我不想追憶，如果可以選擇性失憶什麼都不記得最好。為了說自己的故事，我在記憶深處翻箱倒櫃，俯拾皆是缺陷、艱難與糾葛，二十歲之前尤其嚴重，這堂課殘酷的逼得我好幾度回頭翻攪自己過往的人生。

憲哥說一開口就是副歌，**我學著感動也不讓自己珠淚縱橫，練習跟自己掏心掏肺，練習練習再練習，讓情緒真實地被擁抱**，絕不讓學費付諸東流，我跟自己說：第二次上課我要用七分鐘的故事感動大家。

演練場合愈大愈好

每一屆帶到畢業班，同事就會問我：「仙女，妳上台代表畢業班導師致詞，好不好？」我還沒來得及想清楚，就被通知要及早準備了。

九十八學年度，導師班三〇五畢業，我代表高三導師致詞，有個台子遮住我不停抖動的雙腳，我將小抄放在桌面上不時低下頭，假裝傷感地偷瞄兩下，雖然大家誇我有大將之風，我自己知道這是沒見過大場面的緊張出汗與四肢無力，跟自己說下次不要再致詞了，五分鐘的講稿要準備兩三個月。

一〇四學年度，上了「說出影響力」，同事問我：「仙女，妳上台代表畢業班導師致詞，好不好？」我抓住機會就演練，強迫自己一定要上台，在畢業典禮當天練習我下一次上課的七分鐘故事，只不過我濃縮成五分鐘。導師班三〇四畢業，我在台上謝謝我高一導師班的學生賴彥樺，他在畢業典禮前一晚傳給我的訊息，讓我不至於對教育失望，不至於對人性絕望，當我說：「謝謝彥樺」，迴盪整個活動中心的掌聲是我想在眾人面前送給彥樺的畢業禮物，他在我心中是個很有原則的小孩，他比誰都清楚。

同時感謝我小學四年級的導師謝淑敏老師，那年我十歲，我們都沒想到日後的我會成為老師，「**與其看到學生的缺點，不如找到學生的亮點**」；父親看到我國文方面的長才，「**做你喜歡的事，成就你未來的競爭力**」，我爸真是我的驕傲，沒問我念中文系出來要做什麼，以我的聰明才智我也回答不出來。

我在畢業典禮上把在家對著鏡子反覆練習的私語，轉化為活動中心現場版，請學生移開了台子，我把步伐往前跨，沒有投影片的提詞，記架構、記流程，沒有忽大忽小的音量，沒有「這個」、「那個」、「好」、「對」的冗詞贅字，手勢俐落，五分鐘，下台一鞠躬。下台那一刻我才知道，原來沒有投影片，沒有小抄，我也可以對著好幾百人演講。

憲福的講評讓我更上層樓

福哥和憲哥的評語，不一樣卻很一致。福哥指點我Ａ到Ａ＋的路，要練習收，用更少的氣力能維持更好的表現，追求下一個境界。憲哥把我比成郭泓志，一上場就要有眼神接觸，聚焦效果會很好，感動的事情不說出感動，掉淚的事情不說出掉淚，我期望自己有一天有能力跟憲哥站在同一個舞台上。

我在「說出影響力」得到了冠軍，這心情跟我小學四年級那年第一次上台領模範生的獎盃一樣，演講之後我的眼淚才敢奪眶。**教育要幫助每個學生被看見，就不會再有暗夜裡只為成績哭泣的學生，就不會有因為成績心亂如麻而不知如何幫助孩子的家長，**謝謝同學們在回饋中讓我知道他們還記得我在演練前一小時改的金句：**「不要只看到學生的成績，要看到學生的亮點」**。

結訓後，憲哥跟我說：「去參加OPEN MIC，上ＴＥＤ說故事」，這是憲哥第二次這麼建議我。而我在同年九月十一日站上TEDxTaipei的舞台與大家分享我的翻轉教育：**「有溫度的教育」——對人有溫情，對事有熱情，做個有溫度的人。**

仙女老師的悄悄話

★與其挖空心思才能參透，不如節省摸索的時間成本，上課是不二選擇，成長才是最實在。

★說話有「公式」，套入「公式」就能講一場從一分鐘到兩小時的演講。沒有投影片的提詞，就記架構，記流程，沒有忽大忽小的音量，沒有「這個」、「那個」、「好」、「對」的冗詞贅字，手勢俐落，五分鐘，下台一鞠躬。

★對人有溫情，對事有熱情，做個有溫度的人。

素人之姿登上 TEDxTaipei

站上2016TEDxTaipei的舞台，我的哽咽來自於學生們讓我相信教育的可貴，我的顫抖則來自於我想起霸凌的殘忍。

二〇五年六月是OPEN MIC[註1]素人報名的季節。凱安六月一日畢業後好幾天，我詢問凱安母親是否願意讓我將他的故事說給大家聽，母親配合度極高地專程帶凱安回學校接受訪談，並與我合拍了一支參賽短片。我通過了初選。

二〇五年八月七日，OPEN MIC複選。我邀請凱安與母親坐在台下，我們同心。中場休息時，好多被感動的民眾跟我說，「老師，妳真是個溫暖的老師。」「老師，妳說的故事好感人。」「老師，我也要跟我小孩說『慢慢來，我等你！』」我通過了複選。

我在二〇五年九月十一日，TEDxTaipe年會以六分鐘傳達我的教育理念——「有溫度的教育」。

主題的選定

八月二十日，在TEDxTaipei辦公室進行彩排，我道出了「**慢慢來，我等你！**」**真正想傳達的是「反霸凌」理念**，並非只傳頌兩個溫暖的故事。主辦單位認為霸凌議題值得關注，建議我勇敢站出來，另一方面他們看出了我的為難，交由我自己決定。

這一天晚上，我坐立難安，懷著忐忑的心情跟凱安母親聯絡，詢問她我能否在TEDxTaipei年會談凱安國中小曾經遭受的傷害，母親給予的信任我由衷感激，她沒有多問我會如何講述凱安的過去，還給了我很多的信心與鼓勵。夜裡，我翻來覆去，提了凱安，無可避免的要提安安，以老師和母親的身份交叉驗證校園霸凌真實的存在，提及女兒所受到的傷害對母親來說何其難捱，我深怕波動的情緒無法負荷，會當場泫然欲泣。凌晨三點客廳的鐘聲提醒著我的掙扎。

不能公開數據的霸凌

我上網查過美國的霸凌數據，而台灣的統計卻付之闕如。

但，每學期，國高中都會讓學生不具名的填寫霸凌問卷，導師收齊後交到教官室。倘若教官看到學生勾「過去六個月內我曾經被同學毆打」，光這樣一筆簡單的勾，教官便會拿著單子到導師室：「老師請問您知道這是誰的筆跡嗎？」只是一筆隨意的勾，我就是有辦法知道是哪個學生打的勾，教官因此奉我為神明。我不是靠筆力、筆色、運筆的輕重找出來的，而是對於班級內學生的「派系」瞭若指掌。

我問過好幾個教官，「為什麼都查不到霸凌的統計結果？」跟我相熟的教官說：「仙女啊！妳傻囉？這數據怎麼可能公佈？」那我們之前所作的結果在哪？形式主義的問卷毫無作為。

當個慢速的大人

安安小學二年級時，學校剛教大寫的「A」，起初，我可以如慈母般在書桌旁溫暖地要她斜斜的劃下第一筆，她就只會第一筆，而且只能寫直線，兩小時之後，我的耐性幾乎用盡，暴衝地不停叱喝著要她「寫到會為止」，安安一直哭，哭得讓我心煩，我出手很重，她說：「媽媽妳不要打我了，我會認真寫。」四小時後，我抱著安安痛哭，從那次之後我沒有再打過安安。但我仍然沒有找到解救我們親子關係的方法，尤其在學習上，愁苦與揪心隨時在身為母親的我的細胞裡亂竄。

我教了凱安之後，在學校對他說：「慢慢來，我等你」，說習慣了。到銀行臨櫃，行員還在忙前一個客戶，我對他說：「慢慢來，我等你」；在吃到飽餐廳，五歲的小妹妹裝著飲料，我對她說「慢慢來，我等你」；開車時，我在心裡對過馬路的老人家說：「慢慢來，我等你」，**生活上儼然因為這句話而有了緩衝。**當安安早餐吃太急，一大口塞到嘴裡，我說：「慢慢來，媽媽等妳，妳不用吃得那麼急，」她的吃相斯文許多；當安安坐在玄關穿著鞋，我說：「慢慢來，媽媽等妳穿好再出門，」她心情愉快的穿著鞋。**以往「快點、快點」急如救火的催促再快也不過幾分鐘，我願意等我的學生凱安，也學著同理我的女兒安安。**

從當老師的體悟到當個慢速的母親，是我比許多身心障礙家長幸運之處。

上台的勇氣

二十天準備，六分鐘上台，我說了兩個故事。

練習凱安的故事時，這兩年的回憶像霓虹燈一般，不需要花太多時間回想，畫面會閃會動地掠過眼前，我講著講著也會鼻酸，真誠地面對自己的脆弱，在百轉千折中用畫面帶著大家走進凱安所處的世界。

我很難好好地在眾人面前說安安的事，像揭開舊傷疤，回想起安安以有限的語彙三天兩頭氣急敗壞形容同儕的挑釁，稚氣的臉龐抹不去格格不入的憂鬱，有多少的母親跟我一樣以淚洗面？不堅強的我練習將安安成為故事主角，故事說到一半擦乾眼淚，冷靜之後再說，語無倫次地讓眼淚放肆流完後，咬牙再練。幾百次的練習，我純熟得像說別人的故事似的不痛不癢。只好換個說辭，稿子一改再改，**感動自己才能感動別人**，那一陣子心情灰濛濛的，眼睛裡布滿血絲，毅力在練習中茁壯，**練習、練習、再練習，我不想讓眼淚奪走我想說的每一句話，不想讓眼淚吞噬我的決心，不想讓霸凌在消極躲避中滋生。**

憲哥和福哥給了我大小場合演練的機會，其中一個將近四百人的場子，我一站在眾人面前就知道人數多寡都不會造成我的壓力，**我的哽咽來自於學生們讓我相信教育的可貴，我的顫抖則來自於我想起霸凌的殘忍**。那一天，手機裡多了陌生訊息，在場的身心障礙者傳給我：「老師謝謝您為我們身心障礙者發聲。」

是凱安讓我走出圍牆，我的使命感是凱安挖掘出來的。**裂隙才能讓光透進來。**

謝天，也謝謝真真實實有溫度的人們

《牧羊少年的奇幻之旅》中有句話：「**當你真心渴望追求某種事物的話，整個**

宇宙都會聯合起來幫你完成。」我的師長朋友是鼓舞我的重要推手，在關鍵時刻給了我許多的能量。

謝謝**福哥**在課堂上，指導我不要被投影片限制，好好地說故事，我刪去大量的投影片，回到上簡報課的初衷，「不是這堂課夠不夠硬，而是你的心夠不夠軟」。

謝謝**憲哥**在「專業簡報力」之後，鼓勵我參加OPEN MIC；在「頂級教材教具設計課」又鼓勵我參加OPEN MIC；在「說出影響力」時，再度鼓勵我參加OPEN MIC。通往2016 TEDxTaipei的路上，耳邊一再出現憲哥宏亮的嗓音。

謝謝**楊田林老師**，一字字的替我順過文稿，將我直率的文字轉為溫柔敦厚，成為評審眼中的定稿，讓學生都能「遊戲人生」。（《遊戲人生》為楊老師書名）

謝謝TED百萬點閱率消防員**蔡宗翰**，指點我放大格局，宏觀視野，從「翻轉教育」著手，讓學生不再「死定了」，要「活過來」。（「死定了」是他在TED的名句）

謝謝**陳畊仲醫師**，打從我的第一份稿件，到最後一刻的上傳，歷經十餘次的刪改，都當成自己的事情看待，「有你關懷，台灣教育不沉默。」（「有你關懷，台

灣醫療不沉默」是陳畊仲在TED的主軸）

謝謝**鄭敦丞老師**，幫我擬定題目，義不容辭幫我擬好大綱、到學校主導影片拍攝、字幕編排，再三討論、再三修改，整整兩分鐘分毫不差。

謝謝**張又文**、**林欣品**、**李佳穎三位特教老師**，在我上台前一週，每天中午聽我演練，有時候便當配著鹹鹹的淚水，有時候便當沒吃完就敲起上課鐘聲。

謝謝**凱安媽媽**從頭到尾對我的信任，謝謝她為我示範了怎麼樣幫助自己身心障礙的孩子，謝謝她與我站在同一邊為改變社會氛圍而努力。

謝謝**女人進階版主Eva張怡婷**，我們交叉思考彼此的問題時，不只是職業婦女，也是母親，絢麗的火光觸動了教養的議題。

謝謝**冰與火版主周海威**，每次一定告訴我「做你想做的事」，在我心灰意冷時，拍拍我，相信我做得到，不曾例外。

謝謝羊乳片爸爸**楊智鈞醫師**，將跨國比賽的演講訣竅傳授給我。「仙女，妳講的就是妳平常做的，一定會上！」。

謝謝**聯電何蕙萍老師**，謝謝**陳星合**，你們讓我知道付出是一件很快樂的事，你們的鼓勵讓我又往前了一步。

謝謝**蕭素琨老師**，最棒的英文老師，每次在需要翻譯的關鍵時刻，她都是我最得力的戰友，十萬火急地幫我完成了主辦單位的要求。

謝謝我最有溫度的**一一〇和三〇四學生，做對的事靠的是堅持，我們成功的案例會成為希望的種子，灑在台灣這片土地上。**

九一一年會那天，我獲得了當天持續最久的掌聲，觀眾熱烈的掌聲好幾次中斷了主持人的聲音，我在下台後止不住淚水狂奔。

TED演講之後……

TED之後，大學的特教研習請我主講，台下三、四十位都是專業的特教老師。

我誠實地說自己是普通班老師，面對特教生多數時候是狀況外的，只能不停地找方法，有時候甚至是在錯誤中學習，才了解特教生的需求是什麼；有時候甚至是特教生的左鄰右舍同學告訴我，他們需要的是什麼；也有時候特教老師因為並不清楚班級的氛圍，還必須求教於我；更多時候是跟家長反覆確認，才知道該怎麼樣才可以讓我們彼此處於更自在的環境。

台下老師提醒我，大學生選課來來去去，不比高中團體式的學習，嚴正地區別高中與大學學習環境的差異。我更想說的是「**事在人為**」。難道所有的特教生在幼稚園、小學、國中和高中的班級中都能受到同儕的尊重嗎？如果老師認為自己做不到，環境不給力，那教育就真的不夠力了。

仙女老師的悄悄話

★因為一句「慢慢來，我等你」，改變了以往「快點、快點」急如救火的催促聲，我願意等我的學生，也學著同理我的女兒。

★難道所有的特教生在幼稚園、小學、國中和高中的班級中都能受到同儕的尊重嗎？如果老師認為自己做不到，環境不給力，那教育就真的不夠力了。

註釋

1 OPEN MIC是TEDxTaipei開設的素人開講平台，用六分鐘時間，分享改變世界的點子。

TEDxTaipei
余懷瑾：一堂由老師以身作則的生命教育

https://goo.gl/aglPvB

2 孩子，我希望你懂……

當了母親之後，我不再迷戀：「仙女人很好」、「仙女其實人很好」這種只流於表面的稱許，我更想知道的是我對學生的影響。

我以帶自己孩子的心情來教學生，我希望學生踏出校園擁有帶得走的能力，課堂中內化，生活中深化，發揮微細影響力。也會懂得做人處事的道理、懂得為自己的選擇負責。

2-1

讓學生具備帶得走的能力

高三畢業前夕，我讓學生們為自己做一份成績單：「仙女學生帶得走的十個能力」，讓他們與自己對話，覺察這兩年或三年的改變，哪些能力是他們愈用愈純熟還放在心上的，用過心才上了心。

三〇四是我到萬芳帶的第三個畢業班，帶得好辛苦！學生來來去去，三年一輪，高一時好不容易把臥虎藏龍的一一〇帶得朝氣蓬勃，高二的二〇四相對安靜了點，學生既不能適應我帶班的要求，還要學習分組討論，更要學習自己摘要上課重點，師生大大小小的誤會與耳語四起。

班際英文話劇比賽超過三分之一的學生將練習時的受挫歸結在我一個人身上，更是在學習單中火力全開地批評我，我這只參與過一次排練的導師卻得承受所有的荒謬，那時候除了心灰意冷，我還在想怎麼樣能設計一個讓學生看見自己在團體中角色的課程。於是，一週後我在魏徵的〈諫太宗十思疏〉教學生見證「鄉愿」的殺傷力，擔心他們認出同學的字跡，避免同儕互相仇視，我沒有直接將掃描好的學習單貼在投影片上，那幾個夜晚我一個字一個字的敲在電腦螢幕上，課堂的尾聲學生們高舉白板，白板上寫著「仙女，對不起。我們感受到您真的很在乎、很愛我們，我們也愛您。我們會更好的。」鬆口氣的我，**感謝我自己願意為這次事件設計課程，而不是假裝學期末了一切就會自動好轉**。到了高三，學生們才愈來愈懂事，愈來愈貼心，衝突漸減，青澀漸去，畢業典禮回首過往，用過心才上了心，想著想著我的眼眶模糊了。

眼淚過後，一回頭，又是新的一屆。

用母親的心情做老師的事情

當了母親之後，我不再迷戀：「仙女人很好」、「仙女其實人很好」這種只流於表面的稱許，前者是本來就欣賞我的學生說的，後者是了解我的學生所言，兩者對我的態度因為相處時間的長短而有所差別。我更想知道的是我對學生的影響。

平平安安從小就是班級中弱勢的學生，每次一換老師，我都好期待能遇到**挖掘他們獨特之處的老師**，**與其看到孩子的缺點**，**不如找到孩子的亮點**，**培養他們面對未來的能力**。我用帶自己孩子的心情來教學生，我的學生踏出校園擁有的是帶得走的能力，在課堂中內化，在生活中深化，在應用中發揮影響力。

職場上，我是老師，不是母親，或許帶平平安安飽嘗挫敗，勞心勞力，總有些學生移情作用地叫我仙女媽媽，我始終覺得叫仙女就好，「媽媽」留給我的兩個孩子叫就可以了。然而，當了這麼多年的老師，最容易對孩子產生影響的還是家庭教育，**高中老師三年來只能盡力助攻，家長仍是教育孩子的關鍵人物。**

老師教得少，學生學得好

一節課只求學生能懂一個觀念，看著學生因為討論「心凝形釋，與萬化冥合」而放慢課堂速度我也不以為意，超乎我原先設想的答案如雨後春筍般冒了出來，才會讓文本出現漣漪，我們不是作者，卻可以在文本中找些蛛絲馬跡還原當時的所有可能。這通常是我覺得最棒的一堂課，成就感最高，**「老師教得愈少，學生學得愈好」**。

不同環境培養不同能力

校園裡，培養能力從日常做起，早自習、午休、打掃時間、國文課、班會課、任何的班際競賽……都是能力培養的重要的起點。

在學校裡何止只教十種能力，學生上課遇到問題主動拿手機出來查詢就已經培養了「主動求知」、「解決問題」、「善用工具」這些能力。國文課一週五節課培養的能力更多，「溝通能力」、「口語表達」、「挑戰權威」、「挫折忍受力」、「書寫能力」、「適應能力」、「想像力」、「創新能力」、「實例舉證」、「同理心」、「常存感謝心」、「與他人討論與對話」、「投影片製作」、「台風技巧」、「用腦思考」、「迅速反應」、「團隊合作」……等。班際活動「向心力」、「領導力」、「不鄉愿的勇氣」、「團隊合作」、「展現自我」、「自我悅納」、「執行力」這些能力的鍛鍊更是不在話下。早自習與午休「禮貌」、「自律能力」、「自我規劃」、「換位思考」、「善用時間」更是做人的基本能力。

這些能力在不同場合不斷重複的練習與碰撞，學生就不斷地進化，勝過只會念書，只會取得知識。將來萬芳高中會以這些孩子為榮，他們應該會說：「我們是仙女的學生。」

仙女學生帶得走的十個能力

高三畢業前夕，我讓學生們為自己做一份成績單：「仙女學生帶得走的十個能力」，讓他們與自己對話，覺察這兩年或三年的改變，哪些能力是他們愈用愈純熟還放在心上的，用過心才上了心，這是專屬於他們的，每個人不盡相同。

詩茵：我教了她三年。高二到高三她都是我的小老師，上課前到辦公室問我當天上課的注意事項、反應同學心聲到給予我課程的建議，甚至連白板筆汰換的頻率過高，她都會提醒同學省著點用。她**正面積極又上進**，**做事全力以赴**，高一她跟我說「畫畫對她而言很困難」，她這張成績單展現了學習的無限可能，詩茵在我心裡是無可取代的。

巧馨：高一到高三，她是大家認為的好學生，文靜乖巧，待人客氣、上課專心、從不缺交作業、課業名列前茅，從巧馨圖中看出她高中的青春歲月大半的時間奉獻給學習單，確實也是如此。改學習單改得煩躁與疲累時，巧馨的用心是支撐我的力量，寫作寫滿是日積月累的苦工夫，**自我要求也是成功者必備的能力**，巧馨的踏實是她未來的利器。

昱翎：她做了個比較表，比較仙女的學生與其他學生的不同。她對人客客氣氣，保持著距離，不嘻笑怒罵，有一回她在自己的採買清單上寫著要買給同學使用的文具，用自己的錢買文具給同學用，善良的她心裡想同學經常向她借筆，她想準備好，讓同學隨時有文具可以使用。至於考試次數，我們這兩年不曾買過書商做的考試卷，她仍能次次保持全校第一名，足見她對於繁星的追尋絲毫不懈怠。

子翰：高二時，學習單愛寫不寫的，行距字距大得不能再大，漸漸地他找到自己書寫的方式，畫個插圖加上解說，頗有漫畫的效果，這也是他學習單最有魅力的地方。上國文課的他從面無表情到會舉手回答，找出錯處提出看法，直率地跟我說如果可以怎麼做可以更好，我和子翰的互動在於他的轉念，**轉念正是成長必備的能力**，十六歲的他已經學到了。

鈺淇：把她的十個能力藉由立體的圖像表現出來，每一個能力翻開來都有兩項內容：一是她與其他高中生的直線比較圖，二是她的文字說明，重要處再標記螢光筆。鈺淇是天使，笑口常開，未來她想當小學老師，期望能到偏鄉任教，我為台灣的教育欣喜，也對於這兩年鈺淇的成長給予肯定，**教出能表達想法的孩子比順從聽話更為可貴。**

嘉徽：將她的十個能力化為人形，最大的部份是**同理心**，她沒寫我還真不知道以前的她是怎麼樣的人。她善待特殊生，關心班上需要高度關懷的學生，輔導老師私下告訴我，嘉徽會詢問輔導老師有什麼她可以幫忙的地方，對人多一點關心，多一點溫度的傳遞，這是國文學科的人文特質，也是許多文學作品生命力的展現，嘉徽一如她高一所願考上了彰師大中文系。

馨禾：他的人形腦袋是創意，這是他獲得最多的能力嗎？雖然這麼畫，但在每一個細項間，馨禾各自標記了一百至兩百萬顆星，如此大的差別足見這些能力在他的學習歷程中獲得的多寡。馨禾是個溫暖的孩子，**他能夠看出班上誰需要協助，會發自內心的為對方多做一點**，這樣的孩子在班上會起帶頭作用，成為他想成為的有溫度的人。

天晴：寫這張學習單時她正準備指考，那一大堆的線條是她紛亂的情緒，還有不想讓我傷心無奈寫學習單的心情。第一點寫著承擔責任，源自於高二以來四個學期，班上每次有事，她首當其衝的被叫到學務處。她因為遲到寫的六百字稿紙不曾少過，拿了就寫，寫完就交，到後來她有事就寫寫讓我知道，寫給媽媽也寫給自己，文字會伴隨她一輩子，我說：「天晴妳再忙，都要讓書寫陪伴著妳。」她總會在學習單上寫著：「謝謝仙女」。

芷晴：用電腦輸出的學習單是芷晴很大的改變，她能不說話就不說話，再困難的作業，她的抱怨絕對不會傳到我的耳朵裡。直到我開始要求分組報告與心得上傳，她被迫改變寫作業的習慣，也不認為理所當然該改變，她不太有表情，但話裡有情緒，我說：「我等妳，晚點交。」到高三，她上台教課的表現讓我眼睛為之一亮，對比高二連舉手都不願意的她，我在心裡不知替她按了多少次的讚。

子涵：當了我兩年的小老師，她喜歡看書，也喜歡寫作，心細如絲，溫婉秀氣，活脫脫就像是動漫的女主角，偏偏她不愛面對鏡頭，合照裡的她隱隱約約站在後頭。上課前她會先到辦公室找我，替我將課本與麥克風拿到教室，記得我前一天交代的代辦事項，提醒我上課應該補充哪些資料，就像她說的我們在這兩年裡有著許多的故事，低調的她應該希望在我的部落格也能維持一貫的神祕。

鈺雯：當了三個學期的副班長，早自習鐘聲響起她就得登記遲到名單，也難怪她把「守時」、「不鄉愿」放在前面，學生可能不了解不確實點名，萬一出了事的後果，沒有人可以承擔，尤其班上高關懷學生不在教室，很容易牽動所有老師的神經，鈺雯讓我不致過於緊繃，她會在最短的時間裡讓我知道發生了什麼事。此外，**她願意在班上重大活動時號召全班，善用她甜美的笑容讓全班做同一件事**，希望她坐上主播台的那一天也能發揮這樣的影響力。

霽恩：「我想知道你到底具備哪十個能力，好好寫讓我知道。」霽恩是唯一一個我當面表達希望能看到他這張學習單的學生，對於作業能少寫他絕對不會多寫，對於籃球能打多久是多久。他是個好命的小孩，嘻嘻哈哈的，煩惱都在大人的臉上。他設計了**十個能力的起點是「抗壓性」**，我還記得他的第一張學習單把仙女的嘴化成血盆大口，可見我在他心裡有多麼的恐怖，而他在終點前寫了個「耶」，我想應該是不用再寫學習單了吧！他知道我很在意他。

怡安：在我眼中是個勤快又認真的孩子，每一次的學習單她都寫得滿滿的，像是滿漢全席，應有盡有，絕不混水摸魚，設法找出其他同學沒想到的來寫，就連暑假颱風過後我們一起打掃校園她都記得，高二下學期我跟其他老師設計得要死要活的〈蘭亭集序〉桌遊她也記得，我相信其他人也都記得，但怡安寫下來了，這就是怡安的用心。

渙庭：向來梳子與鏡子不離身，白色的球鞋沒有任何的汙漬，乾乾淨淨的，清清爽爽的，他不來找我的時候，我也甚少主動打擾他，默默地，也是關心。只要沒看到他照鏡子，就是他的進步，**自信從脫離鏡子那一刻起**。

嘉梅：是阿卡貝拉社的一員，在社團裡參與重要的決策，團隊合作對她是很重要的能力，有主見的她還要能包容不同的聲音，申請入學結果出來後，她認為這不是她想念的學系，毅然決然地放棄，轉而指考。**懂得取捨何嘗不是過人的能力呢？**

珮綺：好媳婦的典型人物，放學提前十分鐘去交通隊執勤，這差事她也不覺得苦。問她什麼事她都捂著嘴瞇起眼笑，在我們這些師長面前，都是我們主動說，她聽。當美術老師跟我說珮綺寫了卡片感謝他，印證珮綺自己寫的：「在心中感謝幾千幾百萬次，也比不上一次親口說或寫卡片，**即時的傳達感謝與祝福，讓自己和朋友或師長之間更有溫度。」**對珮綺而言真的是很大的改變，我替她感到高興。

澤林：以往三學期幾乎不交學習單的澤林這次寫了滿滿兩頁，我邊改邊哭，臉上盡是感動的淚水。她說：「我這學期的學習單都有交耶。」「因為我這學期國文想要過。」原來如此。我很喜歡澤林，天真可愛，帶著豐盛的早餐遲到走進校園，她告訴我早起對她有多麼的痛苦，起床後常會不小心又睡著，高三倒是準時上學了。從**上學遲到到作業遲交有自覺的改變**讓我更愛澤林了。

仙女老師的悄悄話

★與其看到孩子的缺點，不如找到孩子的亮點，培養他們面對未來的能力。

★老師教得愈少，學生學得愈好。

★讓學生們與自己對話，覺察這兩年或三年的改變，哪些能力是他們愈用愈純熟還放在心上的，用過心才上了心，這是專屬於他們的，每個人不盡相同。

2-2

在淚水中積累屬於自己的成就

成功者該具備的特質

瑪柔為了實踐大學「服飾設計與經營學系」的面試，設計了一件獨一無二的衣服展現誠意與手工，面試失利，她再度痛哭失聲。

四月底的某一天。手機叮咚傳來訊息，我開著車，沒在第一時間拿起手機。

利瑪柔：「在嗎？」

「在嗎？」

「我好爛。」

「爛死了。」

一看到這些黯淡的訊息，就知道她申請入學的結果出來了，肯定哭得一塌糊塗，趁停紅燈之際，撥了電話給她。

允許自己犯錯，勇於承擔後果

高二，她就是個遲到大王，經過導師室對我舉個手說：「早安，我來拿稿紙。」一灑脫地履行遲到的義務。高三，她不再遲到，卻因為作業的遲交繼續與稿紙為伍。

她寧可遲交作業，也要在學習單中呈現她對文字的品味，精雕細琢；她寧可寫滿六百字稿紙，也要交待書寫學習單發生的大小狀況，本末倒置。學習單石沉大海，了無音訊。偶爾，我會督促她：「妳什麼時候要銷那二十七支因為遲到被記的警告？」她未置可否。

學生不認真，找對方法讓他認真

她熱切地跟我分享她的偶像，從高二上學期的李唯楓、高二下學期鄭暐達，到高三一整年瘋狂地迷戀李昶旻，與偶像近身合照，一張比一張還要精緻的看板和卡片，我訝異她高成本的投資，她問我：「看起來真的很像買的嗎？」我點頭，提醒她省著點。聊天的次數愈多，看的照片愈多，才發現那些都是她嘔心瀝血的創作，愈發地讓我羨慕起這些偶像，不費吹灰之力讓她心甘情願地付出，我在學校裡苦口婆心反而換不到一份國文作業。我用極為羨慕的眼神說，「國文作業可以比照偶像規格嗎？」、「用你喜歡而且擅長的方式」、「為日後的備審資料做準備」。

她像被按了加速鍵，整個人從內而外的精神了起來。「自我介紹」的作業是一個六號半的鞋盒，鞋蓋內部以時間軸簡要地交待成長大事，左上方寫著基本資料，還有著高一到高三導師的名字，我的名字佔了兩格，時間往後推移內容愈多；左下方她寫著**「能夠做這樣的學習單真的好有趣，也很獨當一面，能有不只看學科成績單的機會被創造出來了，希望能在備審資料裡加點分，我最特別的一份學習單。」**

鞋盒內是她的臥室，硬紙板折成冷氣掛在牆上，剪成愛心的魔鬼氈作為地墊，素雅的布縫成的枕頭、床單和棉被形成雅致風格，座墊與棉被同花色不同色系，蘋果綠的書面紙折成書包，連背帶的比例都異常傚真，瓦楞紙的書桌上面還散落幾本細緻的筆記本，果然是一份很有質感的作業。

興趣產生動能，學習變得快樂有趣，師生皆大歡喜。

哭哭啼啼搬救兵，家長給力事圓滿

高二期末考前，晚上八點多，她又泣不成聲打電話給我：「仙女，妳打電話給我媽媽好不好？跟我媽說我今晚要做備審資料。」明天上學前，無論如何都要趕出北藝大暑期營隊的備審資料，明早沒寄出就沒機會了。

她這種段考前不念書，還耗盡心力做對成績沒有幫助的暑期營隊備審資料，腦袋壞掉的脫序行為，被爸媽叨念了一晚上。她求助於我，我軟弱地拒絕：「不要，妳媽一定以為我跟妳一樣瘋了，我堂堂一個老師說服妳媽段考前允許妳不念書，妳媽怎麼看我？這樣不行啦！我說不出口啦！」電話那頭不停傳來她的啜泣聲，含含糊糊說著我聽不清楚的哀求，我好像還聽得到客廳傳來的責備聲。

瑪柔媽媽要不把我當成譁眾取寵的瘋子，要不從此我講的話不再具有分量，地位一落千丈，看著手機忐忑得有種一世英明即將毀於一旦的壯烈。我硬著頭皮打了電話給媽媽，說著我一點都沒有把握的話，「瑪柔今晚做不成備審資料，哭哭啼啼也無心念書。就這一個晚上，如果她能做出個作品，這作品還能獲得教授青睞，也是瑪柔的真本事。」還好，媽媽了解瑪柔，媽媽了解我，我也了解瑪柔，這通電話就像橋樑讓三方有效地溝通。媽媽笑著：「還知道要搬救兵，找對了人。」同意瑪柔這一晚做備審，我鬆了一口氣，心上石頭落了地。

瑪柔傳了訊息來：「謝謝仙女，我爸媽沒念我了。終於可以安靜做備審了。」

六月底，瑪柔技藝超群，如願錄取了北藝大暑期營隊。

手工卡片讓貴人現身，銘記在心

她看到了自己跟別人不同的長才，在我邀請心臟外科楊智鈞醫師到班上演講之際，主動包下了海報製作的工程，一手包辦立體的卡片設計與文案創作，她龜毛的精神展現在對藝術的堅持上，獨立完成，只為以工代過，銷那二十七支因遲到被記的警告。楊醫師將瑪柔的卡片貼在家裡牆上，瑪柔對自己的作品愈來愈有信心。

之後，瑪柔對藝術的想法有了出口，她爭取做卡片給台灣最年輕的太陽馬戲團成員陳星合抵演講心得。她國中時聽過星合的演講，非常地振奮人心，於是，發揮了追偶像的狂熱，花了好幾個夜晚熬夜做立體手工桌曆，封面是星合與愛貓的頭像，六月是我們班上與「星合」同名的同學「馨禾」，九月是三層的大蛋糕，我想應該是星合的生日，只有粉絲才會這麼認真細膩地做功課。星合在ＦＢ上直播這一頁一頁的桌曆，瑪柔喜不自勝。

貴人的鼓勵讓瑪柔的學習露出了曙光，我跟瑪柔媽媽銘感在心。

浸泡在淚水裡的畢冊，斑斑血淚

瑪柔：「仙女，班LINE都已讀不回。也不告訴我他們到底想要什麼風格？」一天哭三百次，想到就哭，在學校哭，回家哭，傳訊息給我也在哭，整個畢冊浸泡在淚水裡。明明已近申請面試時間，還在熬夜做畢業紀念冊，一做就到凌晨兩三點，蠟燭兩頭燒，隔天精神不濟，卻也沒遲到。

她用全班搭乘火車遠行的概念做畢冊，事前做了調查，將班上每個人喜歡的事物找到適合的圖檔，放在車廂上。結果，她嫌印表機印出來的畫質不好，又花錢去影印店輸出，我的車廂上有口紅、高跟鞋和我教學影片的QR code，導師頁的稿紙則是我們共同的記憶。**我看瑪柔做畢冊的無怨無悔想到我備課時的衝勁。**

三〇八學生對我說：「仙女，你們班的畢冊做得超好的。」

我：「對啊，超好的。用血淚做出來的。」

失敗就是日後成功的養分

瑪柔為了實踐大學「服飾設計與經營學系」的面試，設計了一件獨一無二的衣服展現誠意與手工，面試失利，她再度痛哭失聲。親愛的孩子，去指考吧！**「讓自己發光，將來用成就來證明，放棄了你，損失的並不是你。」**

我跟瑪柔母親說：「瑪柔必光宗耀祖，她具有成功者的三大特質」：

一、知道問題在哪，積極尋求改進。

二、用哭來釋放壓力，懂得找適當的人求助。

三、天賦在手，埋首其中，廢寢忘食，怡然自樂。

我部落格第一百篇寫下瑪柔的故事，我深信明日她必成為手工藝術閃耀的星。

利瑪柔的一封信

高二上完〈大同與小康〉，瑪柔的學習單寫了許多真真切切的心裡話，她讓我相信**念書不難，難的是缺乏動機**。

沒什麼想法，沒什麼目標，沒什麼想念書上課的動力。混吃等死，反正我國中就是等到國三在念書，還是撿到一個「萬芳」。這就是我對高中的態度，每個人都可以念得起來，只是要念不念而已。

我不喜歡背背背背背，有誰會想知道，當老師到底要傳道授業還是解惑？有誰會想知道蘇轍被貶官的心情？又有誰想知道編史書難不難？更沒有人想知道大同和小康真正內涵？

可是這位仙女，卻讓學習好像有了一點點趣味，一點點成就感，一點點希望，每當一課上完時，總覺得好像得到的是一種態度，為什麼韓愈要探討老師的義務？因為他是真的想當個好老師照顧他的學生。為什麼蘇轍要這麼哀怨？因為他真的想為人民好，想當個好官。假如他心中坦蕩，不因外物影響而傷害到本性，那麼到哪兒去不會快意呢？

這個老師讓我們看到課本裡不一樣的東西：蘇轍為了國家在那裡難過，你卻為了今天中午排隊沒買到雞腿難過，這樣對嗎？有時候問題是拿來解決的，不是擺在那它就會「蹦」的解開。

或許是因為離學測愈來愈近，或許我被這個老師的用心，小小感動。所以，我的手寫卷不再空白，上課不再睡覺。

這〈大同與小康〉的活動，分數給的都是大手筆，一百、一百五十、八百，真的很有錢的感覺；也為了讓大家都有參與到，仙女也CUE了平常不愛背書的大家，還有我……真的如釋重負啦。可是，我為了這組的隊員，不想拖累他們，還是去好好的背；還有，梁禮均他真的是有夠感人肺腑的，持之以恆的背背背，就像戳他的羊毛氈一樣努力（是要戳給女朋友的）；還有嘉徽，未來中文系之星，她好有耐心地跟我解釋意思，傳授背書技巧，陪我一句句背，王鈺淇我的小屁孩，她畫畫飛快又有創意，她也一直陪我背書；葉羿韋、顏曲婉也都幫我加油，那種被人期待的感覺很好。

謝謝第一組，雖然我們這組的分數還是有點低。呃……

我喜歡仙女，我喜歡國文課，我喜歡一直在二〇四。

喜歡二〇四就好比喜歡暐達。ㄏㄏ。

仙女老師的悄悄話

★興趣產生動能，學習變得快樂有趣，師生皆大歡喜。

★失敗並不可怕，失敗就是日後成功的養分。

★成功者的三大特質：一、知道問題在哪，積極尋求改進。二、用哭來釋放壓力，懂得找適當的人求助。三、天賦在手，埋首其中，廢寢忘食，怡然自樂。

選擇坦白，建立信任

高二升高三暑期輔導到畢業前夕，學生請假的理由多得不勝枚舉，生病的人一天比一天多。選擇教孩子面對請假的事由，家庭教育與學校教育教的是同一件事。

選擇坦白並不難。我們「選擇」讓自己成為什麼樣的人？家長「選擇」讓孩子成為什麼樣的人？

育林：「仙女，我耶誕節要請假，我們全家要去爺爺奶奶家聚餐。」

我：「你很期待這一天喔！」

育林：「對啊！我們整個家族全員到齊耶！」

玫秀：「仙女，我媽去韓國出差要帶我一起去，我要請五天假。」

我：「怎麼這麼好命？」

玫秀笑得開懷：「呵呵呵！仙女，我媽也這麼說耶！」

家庭聚餐與上學，出國旅遊與上學，育林與玫秀的家長選擇讓孩子請假，讓孩子面對請假的事由，**家庭與學校教育教的是同一件事，誠實面對自己所作的決定。**

選擇避重就輕規避問題

從高二升高三暑期輔導到畢業前夕，學生請假的理由多得不勝枚舉，生病的人一天比一天多。

學生甲：「仙女，我生病了，今天要請假。」
學生乙：「仙女，我拉肚子，晚點會到學校。」
學生丙：「仙女，我腰痛，第三節課會到學校。」
學生丁：「仙女，我又睡過頭了，抱歉這麼晚才跟你說，我現在過去。」
家長戊：「仙女老師，我兒子身體不適，請病假一天。」
家長己：「仙女老師，我女兒感冒了，請病假一天。」

不太常請假的學生，我叮囑他們好好休息；經常請假的學生，我的回覆就是「好」、「知道了」、「等你來」。大多數的學生短短一天就生龍活虎地來上學，更奇妙的是ＩＧ上有著他們昨日出遊的打卡記錄，或者其他學生私下羨慕地說：「好好喔！他們都可以請假在家裡念書」。

總有人問我：「相不相信學生請病假的理由？」或許問問學生：「他們相信自己生病了嗎？」或許問問家長：「他們相信自己的孩子生病了嗎？」多數人**選擇避重就輕，迴避可能有的詢問，相信著自己的相信。**

以身作則的家庭教育

愈接近學測，學生愈發渴望在家沉澱或到圖書館、K書中心、補習班靜心念書，最好能不上課就不上課。高三每個班都發生過學生大言不慚地對導師說：「我要請長假在家念書，你不讓我請假，就是逼我說謊騙你。」翻翻學生手冊，上面清清楚楚地寫明請假的各種條件，學生可以堂而皇之地請假，可以名正言順地請假，何必冠冕堂皇的讓謊言滿佈呢！

接著，學生們就像得了傳染病一樣，請病假的天數會愈來愈長，教室裡空座位愈來愈多，家長氣定神閒要老師別太過擔心。我擔心的是一旦自欺欺人源於家庭教育，是家長「選擇」用這樣的方式討好孩子，是家長「選擇」用這樣的方式教育孩子。日後，孩子有樣學樣，信任岌岌可危。我倒建議家長趁這個機會教導孩子面對請假的真實原因，**緊張與焦慮都不該扭曲價值觀**。

態度才是學習的鎖鑰

拼繁星的學生，既不遲到也不早退，更不請假，默默地找時間念書。遇到不想聽的課，低下頭把握時間做考古題；遇到難題不知怎麼辦，就找同學切磋或求教老師，勤奮的精神感動了我。

想認真準備學測的學生，不遲到，不早退，不請假，找到時間就念書，考卷上的手寫題即使不會，還是奮力地擠出幾個字，下課衝到辦公室問：「怎麼樣可以寫得更好？」

反觀想請長假的人，家長們沒看到的是：孩子上課聊天干擾別人，得空睡覺休息，手機手遊沒停過。念書三天捕魚兩天曬網，再來批評學校沒有讀書環境，班上沒有讀書氣氛，看不出再三十七天即將進入考場。

別讓藉口矮化了自己

學測考完後，病假的人更多了。

曼妃來找我請假，她說：「仙女，我想去看普立茲新聞攝影展。」我照例都會先拒絕，再問原因。她詳列原因，又動之以情，說服了我，如願請了事假（事假必須事先請）。

曼妃還告訴我，她母親說：「仙女答應了才能請假。」

曼妃在展覽中挑了張她最喜歡的主題照片，跟我分享這展覽對她的意義，我也感染了她的欣喜之情。

「謝謝仙女給了我一個寶貴的機會去看這麼棒的展覽，挑了一張我最喜歡的主題照片送給仙女，和妳一起分享我的感動與喜悅，這是一個令人五味雜陳的展覽，每幅照片都會有著一份感動故事，我差點就在裡頭哭了起來，我因此而感動珍惜身邊的人事物，包括仙女！謝謝妳在學測前為我們的付出，以及備審資料的意見……，這些都是世上獨一無二的溫暖。」

現在念大三的曼妃說：「因為去看那個展覽，影響了我很多想法，現在時不時還會想到那天看到的照片。」

我更開心的是我、曼妃跟曼妃的媽媽都「選擇」坦誠以告，成就曼妃一個暫時背離課堂的小小願望。

我們選擇成為什麼樣的人？環境是利器，不該是藉口。

仙女老師的悄悄話

★家庭與學校教育教的是同一件事，以身作則的家庭教育，讓家長與孩子一同學習誠實面對自己所作的決定。

★建議家長教導孩子面對請假的真實原因，緊張與焦慮都不該扭曲價值觀，態度才是學習的鎖鑰。

十秒鐘看出一個人的溫度

小時候，父母和師長總是教我們要心懷感謝，生活很忙，步調很快，如此簡單而美好的單純卻漸漸地被遺忘。我一直提醒自己，「最終是我們選擇讓自己成為一個有溫度的人，而不是別人。」

平平安安出生沒多久，還在生死交關之際，護理師建議母奶是最好的營養品。沒有奶水的我站在加護病房外，看著每位媽媽拿著象徵母愛的奶水滿足地走進病房，而奶水不足的我，很多時候是兩手空空看著保溫箱裡的孩子。

如琪的孩子比平平安安晚兩個月出生，素未謀面的她聽到我的狀況，無條件地供應我母奶。每週到她家迎接我的都是她的笑容，與一打開冰櫃裡一包包多到落在地上結凍的母奶。兩年多來，我最常跟她說的就是「謝謝」。從小，平平安安聽我們對於認識與不認識的人，說過最多的話，應該也是這兩個字。

小學教師節前夕或期末，我會帶著平平安安去書局挑選材料，雲彩紙、瓦楞板或其他我不認識的材質，她們自己在上面寫些想說的話或天馬行空的塗鴉送給老師和對她們友善的同學，她們得花好幾天才能做出點像樣的成品，老師收到後放在辦公桌上，對她們也是極大的鼓勵，這都是孩子與我的心意。

心存感謝，回饋即時

上課中，學生們將答案寫在白板上，有時我為求快，為了節省時間，直接用手擦拭白板中不理想的答案，學生無動於衷的坐在座位上像看一場秀，我想他們需要提醒，「你們可以主動走上前遞上白板擦或衛生紙，而不是冷眼旁觀」，「不管位置離講台多遠，心意與行動才是真實的回應」，**盡心授課的老師唯有把教「書」的功夫落實到教「人」，學習才有溫度。**

下課時，班長喊起立，環視全班都安靜後才喊敬禮，待全班說：「謝謝仙女」，感謝我這堂課如此用心備課，才能下課。**學生的感謝本身就是種強而有力的催化劑，讓善成為循環。**

自辦班級講座場場叫好

在艱困的校園環境中，微薄的演講費很難邀請到專業的演講者，更別說學生聽講時吵鬧凌亂的反應讓講者心灰意冷。

我開始自掏腰包邀請傑出的專業人士到我任教的班上演講。除了演講有內容，還得引起學生共鳴，最好還能讓學生反思自己的人生。我很清楚這樣的演講準備耗時，基於時間成本的考量很多講者並不接校園演講，**能打動講者的是學生投入的程**

度與聽完演講後的收穫與影響，甚至是給講者的反饋，這樣也能幫助講者看到自己的優勢與盲點。

楊智鈞醫師「認識自己」講座

三〇四很期待楊智鈞醫師的到來，他讓學習變得有趣，演講像變魔術似的，讓人目不轉睛。

我：「我們總得做些什麼才能二度請來這麼夢幻的講者吧！」

生：「他會來嗎？」

我：「他沒時間吧。這幾天要代表台灣去上海參加二〇一五中國血管外科論壇病例演講全國大賽總決賽。」

我：「他現在的身價我們也請不起啊！」

生：「如果展現我們的誠意他會不會來呢？」

三〇四利用在學校的零碎時間，分工做了海報、板板與獎狀，希望打動楊醫師。**天下沒有白吃的午餐，要別人為你付出，自己得先做些什麼。**

聽到楊醫師演講肯定收穫滿滿，他是那種對自己演講負責，讓觀眾滿載而歸的講者。前陣子，他才成功地以簡報贏得臉書藍勾勾的榮耀，學生在他所向披靡的簡報中了解什麼叫做專業的簡報，呼應今日「讓你的學校以你為榮」的主題；金句連連的演講，講者不用說「這句很重要，要寫下來」，學生像裝上雷達自動掌握要點摘要。楊醫師遠從嘉義北上對學生演講，這份心意無以為報，我們全班的心得與卡片，僅表達我們千萬分之一的感謝。

陳星合「我是這樣想的」講座

學測前為什麼還要辦這場演講呢？

我們的學生每天在學校上課到五點，補習到十點回家，時間花在知識的學習上，壓根沒時間了解自己到底要什麼？不清楚應該為了什麼而努力？

十七歲時的星合跟我的學生們很像，求學歷程被否定，很失意。所幸，星合找到了自己的興趣，**興趣就是累也不覺得累的動力來源**。星合的到來不單純只是一場表演，屏氣凝神中水晶球流洩出堅持與平靜的美，更讓學生體會作自己喜歡的事方能成就自己的定律。

我說星合要來，全班不可置信。

紫愉ＦＢ寫著：「仙女說：『很多人很驚訝星合不是只講全校性的演講嗎？怎麼會只對我們班演講呢？』聽說星合很貴，我不知道仙女用了什麼方法請到他？星合說：『當你真心想要做一件事時，全世界都會幫你的』。我想，仙女就是這種人吧！今天看完ＴＥＤ的演講後，我更期待十二月二十九日星合本人的演講。」

謝謝星合跟孩子們近距離的約會，寸寸光陰，情義無價。三〇四和三〇八的孩子們，**有朝一日，當你站在世界的舞台，你也要記得情義是什麼樣子！**

何蕙萍「高牆裡的閱讀課」講座

高三，映辰目標很明確──法律系，志向是少年保護官或法院觀護人，準備備審資料時，我建議她了解何蕙萍老師在誠正中學做了哪些努力。

映辰：「仙女，我真的覺得學校應該請何蕙萍老師對全校老師演講耶。讓不認真的老師有熱情，認真的老師堅持下去。」「我還寫了影片心得給何蕙萍老師。」

同時，她也傳了訊息給我：「『成為一位有溫度的人』，是您一直教導我們的，我想讓蕙萍老師感受到她帶給我的溫暖，也想把她給我的溫度分享給她，我終於知道您為什麼看完什麼都要打心得的心情，因為真的有很多話想說。三年了，今天我很深的體會您的教學，打心得分享給蕙萍老師的當下，我感到很榮幸能夠成為您的學生，**您讓我覺得跟不認識的人講話，不是一件困難的事**。仙女謝謝您告訴我何老師的事，也謝謝您平常教導我們做課本以外的事！」

我想在高中畢業前幫映辰圓夢，很感謝蕙萍欣然接受我的邀請到班演講。蕙萍來的那天，映辰送上她親手做的卡片給蕙萍，感謝她用愛精闢地解讀「高牆裡的閱讀課」，我看見映辰與蕙萍有一種同路人的默契與相惜。

我們決定了自己的溫度

暑假艷陽高照，正值我偏頭痛發作的季節，一曬太陽就會讓我暈頭轉向，加上這陣子許多學生經常無故不到校，處理學生個人的情緒遠比上課繁瑣又更讓人心焦。怡安和珮容這兩個可愛的學生在暑輔最後一天，將寫得毫無空隙的卡片放在我桌上，光是卡片上頭的太陽就讓我紅了眼眶，學生眼裡也看到了我起伏的情緒。此外，子安在我下班時傳了三頁的訊息來，為我的暑期輔導劃下完美句點，我也被學生輔導了。

小時候，父母和師長總是教我們要心懷感謝，生活很忙，步調很快，如此簡單而美好的單純卻漸漸地被遺忘。我一直提醒自己，**「最終是我們選擇讓自己成為一個有溫度的人，而不是別人。」**

仙女老師的悄悄話

★ 學生的感謝本身就是種強而有力的催化劑，讓善成為循環。

★ 天下沒有白吃的午餐，要別人為你付出，自己得先做些什麼。

★ 決定自己想成為什麼樣的人，帶給別人什麼樣的溫度感受，最終的選擇都在自己，而不是別人。

學測考不好，然後呢？

學測成績公佈讓我想到德國的會考，如果在德國，我們班的天晴、子使和瑪柔一定很高興地準備踏入藝術領域學習；奕昕將進入資訊領域。與其說考試是公平的，毋寧說這只是最容易、最不費力氣的篩選方式。

學測成績出爐了，學生瘋狂地進進出出導師室，頻頻問我：「怎麼辦？」我告訴他們四條路，四種選擇：繁星、申請、指考和就業。

未來該怎麼走

繁星計畫。最簡單，都是課業成績百分比夠高的學生，只要符合想申請校系的資格，很快就有學校念。就算沒學校念也不用擔心，這些學生從高一就知道把念書當回事，把課業放在生活中，大多還是會認真地準備申請入學的備審資料，或者安安份份投入指考行列，少有怨言。

參加指考。考驗意志力，有些父母不滿意孩子學測成績，希望孩子參加指考。這些孩子有多少背水一戰的準備？他們真的想念書嗎？他們有多少次好好坐在書桌前實踐用功念書的承諾？即使在兵荒馬亂的高三上學期心無旁騖一心準備學測？學生無奈地說：「仙女，我根本就不喜歡念書。我根本不想指考。」對這些學生與家長而言，指考只是一種拖延時間、延後選填學校的方式，可能最後的結果與申請入學相去不遠。

申請入學。選校系做備審。學測級分四十級分的小皖說：「仙女，那些學校都不好耶！」選填學校的常態是多少分數，就有多少學校可以填，一個蘿蔔一個坑，**重點不是學校好不好，是「你」好不好。選到有興趣的科系展現「你的」天賦，「你」自會成為學校的光，學校將以「你」為榮**。倘若只是為了盡快找到安頓自己的所在，選校不選系或胡亂跳坑，只怕重蹈高中三年無法樂在學習的覆轍。

先行就業。學測考不好，又不想花心思準備指考，可以選擇就業，實際體驗職場上所需要的能力與素養，學會應對與認識自我。若日後想升學，再參加學測，又或者待累積人生閱歷與工作資歷後報考EMBA也行。**沒有人規定一定要在高中畢業這一年進大學的**。但是，我知道，大部分的學生和家長都會自動跳過這個選項。

考試並不全然公平

學測成績公佈讓我想到德國的會考，如果在德國，我們班的天晴、子倢和瑀柔一定很高興地準備踏入藝術領域學習；奕昕將進入資訊領域；宣韶在語文領域，根本不需要為了不擅長的科目失利而愁眉不展。**與其說考試是公平的，毋寧說這只是**

最容易最不費力氣的篩選方式。然而，在台灣，這就是遊戲規則。

選到心坎裡的決定

想當年，我在五專念得「二二六六」。出了社會，當了三年的程式設計師，看著工作態度不怎麼樣的大學畢業生拿的薪水比我還多，心裡很不是滋味，再者工作過於枯燥乏味，興起插大的念頭。我選擇插大中文系，目標是有學校念就好。

大學時期是我第一次感受到在學校學習的快樂。大二時，「國學概要」當老師解說完李後主的〈虞美人〉，那一天，我一直無法跳脫李後主「問君能有幾多愁，恰似一江春水向東流」的心境，沉沉鬱鬱的，以為自己就是李後主。

對比那些高中畢業就念大學的同學們，我每天跑圖書館。我記得第一次「文字學」段考考差了，打電話回家，聽到爸爸的聲音，我簌簌地流下眼淚。以前小時候哭成績不好，就是怕被罵怕被修理，那一次我打從心裡為自己的表現不佳而難受。

初出茅廬的老師

好巧不巧，大二那年，教育部公佈了師資培育多元政策，以我的成績想當然爾修得了教育學分，我在「教材教法」這堂課感覺自己還算有點天份，試教總能博得滿堂彩。碩二那年順理成章地從事教職。

我第一所任教的學校是嘉義私立高職，學校認為只要讓學生願意上課就好，教材一切讓老師決定。學生的母語就是台語，總愛笑我是台北人，台語講得不「輪轉」，為了跟學生交流，我硬是逼著自己講著怪腔怪調的台語，學生聽不下去便會糾正我，課堂醒著的學生很多，多數都是我的老師，為了指正我的台語發音捨不得睡覺。那時候，我每天最開心的事就是成功地讓學生醒著一堂課，最好假日也不要放假，我總有用不完的精力，覺得學生實在太可愛了。

離職的時候，電子科的男生將我抱起來空拋，他們應該很捨不得我，我想。

水到渠成的獎項

教學經驗是慢慢累積的，從錯誤中找到契機，在嘗試中看到方法，我想讓學生學到國文學科的人文之美，不要再像我國中時期認為課堂的學習是痛苦不堪的。一直到九十九學年度，六年前的一〇一，學生們在〈岳陽樓記〉中為了人生不公平而嘶吼，身處逆境而奮發，下課鐘響仍與體制繼續拚搏，不想下課，為了記錄那一瞬間的美好，我一反常態研究起如何紀錄教學活動，課程設計是我的強項，撰寫教案則令我頭痛，耗費我許多心力與時間。終於，〈在岳陽樓搭小火車〉得到了台北市行動研究的佳作，這是我們師生的第一個獎項，**老師的成就來自於學生的優異表現，學生的轉變才是教育的指標。**

二十歲之前的我，找不到學習方法，只得過一張獎狀；現在的我，幫學生找到學習的樂趣，獲選全國SUPER教師。**昔日的分數與今日的成就不必然劃上等號。**

人生沒有一定要怎樣

學測成績不理想，還不到絕望的時候，把眼淚擦乾往前看。這四條路，繁星、申請、指考和就業。學生們可以好好思考未來方向，家長們可以學習尊重孩子的決定，**人生偶爾轉個彎，看看不同的風景，會更珍惜未來的。**

仙女老師的悄悄話

★與其說考試是公平的，毋寧說這只是最容易、最不費力氣的篩選方式。然而，在台灣，這就是遊戲規則。

★重點不是學校好不好，是「你」好不好。選到有興趣的科系展現「你的」天賦，「你」自會成為學校的光，學校將以「你」為榮。

★老師的成就來自於學生的優異表現，學生的轉變才是教育的指標。

學測之後，學生怎麼做？

面對未來四年大學該何去何從，學生們是如何做決策？蒐集資料、分析勝算、決斷過程、執行方式與善用資源，而這些決策又可能帶來哪些風險？該如何應對？

高三下學期，每週二早自習與緊接著的班會課，我們班進行「兩分鐘短講」。這一週的主題是「我的選擇─繁星、申請或指考」。

每個人都得準備，當天抽籤上台，計時兩分鐘，講者面前是計時器。兩分鐘一到，開放觀眾提問，再請觀眾給予具體回饋，再抽籤決定下一位講者，以此類推。面對未來四年大學該何去何從，學生們是如何做決策？蒐集資料、分析勝算、決斷過程、執行方式與善用資源，而這些決策又可能帶來哪些風險？該如何應對？學測成績出爐已近一週，能給的建議我也都給了，人生是他們的，他們又是根據哪些原因做出最終的選擇，我想聽聽他們的說法。

瞻前顧後的申請

小涵打從學測成績出來後，我詢問過她幾次「想怎麼做」？她從沒正面回答我，卻經常跟我提及她到圖書館又借了哪些新書；小涵母親也打了電話給我，我們猜想她或許是暫時性逃避，暫時不多問什麼，不想給她太大的壓力。

一週後，她才願意與我談起這個升學的話題。她在台上告訴全班她選擇了申請，面對著全班把她的顧忌說了出來，擔心學校排名不夠好，學校風評不好，這些擔心導致她決策時三心二意，**太過重視外界的聲音，就聽不見心底的吶喊**，若有一絲一毫的委屈與不願，何妨重新評估呢？

既然參加申請，將來定有面試的機會，班上學生針對小涵上台的表現給予中肯的建議。「應該賭自己想要的大學，不要因為嫌麻煩就高分低就，而留下遺憾」、「面試時，口條應該會不錯，應該要試試看」、「妳好棒，眼神不表現出沒自信的樣子」、「每個機會都要試，不要先否定自己」、「不要委屈自己上不想去但一定會上的大學」。

申請與指考一把抓

這樣的抉擇對我們的學生很危險，**易立志，難執行，兩邊都想要的結果，就是什麼都沒有**，舉棋不定，這邊做一點，那邊做一點，兩邊都無法卯足全力，最終會流於形式，心有餘而力不足的慨嘆。

小安是個容易臉紅緊張的學生，同學們給了她指考時的一些建議。「擔心突然不舒服，記得事前準備好胃藥或綠油精」、「太難的題目先跳過做記號，不要花太多時間在上面」、「不要被名校制服嚇到」、「多做好事」。

破釜沉舟的指考戰士

徽徽從高一開始，獨獨鍾情中文系，學測國文在她心裡只有兩種分數，一個是十五級分，另一個不是十五級分。學測結束她就知道要考指考了，是全班最早為指考起步的，**做了選擇就全力以赴，沒有退路就只能往前**。

班上能為指考的徽徽做些什麼？同儕間如何激勵？「替她處理一些學校的雜務，例如去各處室拿資料」、「上課保持安靜讓要指考的同學有個好的讀書環境」、「指考費用不會白繳，祝福徽徽考上師大國文系」。

繁星中的家庭革命

高二選組，傾向第二類組的汎汎硬是被父親叫來念一類組，中間也有兩次轉組的機會，她都依了父親的決定，將就著待在一類組。

此次繁星，汎汎想選數學系，父親希望她念化學系，擔心她大學畢業後找不到工作，汎汎這次想堅持自己的選擇，好好為自己打算。**肯定學著為自己往後的人生負責，父親也不會成為日後推諉的藉口。**

如果繁星照著汎汎的想法填，我們來猜猜父親會有什麼反應呢？學生們畫出汎汎父女爭執的場景，兩人相持不下，汎汎一如前幾次選組不忍違逆父親。

你有多想要就會多努力

梓芳和子安依序上台報告了各自的拉扯，繁星與申請，申請與指考，到底哪一個人能打動台下同學的心？**認真地說自己的故事應該是最容易準備的方向，也是最動人的。**

欣慰地看著學生的回饋，從高一教到高三確實有了長足的進步，具體而微，可見學生不是不知道怎麼做，班會記錄的怡安總能一針見血回到問題的原點。

「今天我稍微向前翻看了一下以前的記錄，突然發現大家寫的都好有道理，可是道理人人會說，實際上做到的卻很少。學測前我們說好好加油努力，可是嘴上說說的人比真正實行的人還要多。如果是那樣，那麼現在說的指考加油、申請加油，別說是別人了，你自己相信嗎？所幸，看見班上還有像徽徽那樣認真準備指考的同學，還有像佳昕和天晴那樣早早開始面對備審的人，只要我們能向他們看齊，未來必定會有成果。人生是一條很長的路，學習也是，不是到大學就結束了，現在努力還不遲，現在改變心態也還不遲。」

校內繁星落幕，三月八日放榜，期望這些一路堅持的孩子們都能歡慶豐收，更要感謝我們的輔導老師范昕玲老師，她一直是所有導師與學生最強大的靠山。

那麼申請和指考的孩子呢？**親愛的孩子們，人生總得為自己的渴望認真一次，你有多想要，就會多努力。**該準備備審資料，該念的書都放在心上，放在案頭上，反覆琢磨就會更靠近你的目標了。

後記：校內繁星撕榜，汎汎的父親順了女兒的心讓她選擇數學系，汎汎也如願成了嘉義某國立大學的新生。

仙女老師的悄悄話

★決策時三心二意，太過重視外界的聲音，就聽不見心底的吶喊，若有一絲一毫的委屈與不願，何妨重新評估呢？

★易立志，難執行，兩邊都想要的結果，就是什麼都沒有，舉棋不定，這邊做一點，那邊做一點，兩邊都無法卯足全力，最終會流於形式，心有餘而力不足的慨嘆。

★做了選擇就全力以赴，沒有退路就只能往前。

★人生是一條很長的路，學習也是，不是到大學就結束了，現在努力還不遲，現在改變心態也還不遲。

3 慢慢來，我等你

我很常對學生說：「慢慢來，我等你」。

也許耳濡目染之下，也許我的用心他們都懂；在學生上台教課時，他們對班上的弱勢同學說出「慢慢來，我等你」這句熟悉的話語，讓站在教室後面的我，一時間止不住情緒，哭花了妝，我感動他們的同理與關懷，相信彼此都學習到了「最溫柔的對待，無非就是等待」。

教師班級經營做得好 學生課前預習意願高

一張雪白的A4紙，子淵花了六分之一的篇幅寫我，「靠北」我的作業，這種因為學習單被學生批鬥的辛酸每年都有，勾起我的悵惘，隨即在改到下一張學習單時，愁緒就像落花，隨風散，逝去無蹤！

這週學習單的題目是「回顧高中歲月」，我的眼光停留在子淵學習單的最後六行，許久……。

「客觀來看，我高二、高三的班導真的是一個很認真又用心的老師。雖然有時候我真的認為妳很『靠北』，老是出些麻煩透頂的作業。但我知道，不論我多辛苦，仙女妳永遠比我們更辛苦、更累。妳設計那些作業和課程的辛苦我都明白，也真心的佩服仙女。我能夠毫不虛偽的告訴仙女，妳真的是一個很厲害的老師。妳有許多其他老師所沒有的特質，無怪乎能贏得兩屆超級教師獎，雖然我心裡可能還是會抱怨，但希望妳知道我明白妳的用心，也很佩服妳這件事。」（註：子淵記錯了，我只得過一屆全國SUPER教師，連續兩屆台大SUPER教案獎壹等獎。）

一張雪白的A4紙，子淵花了六分之一的篇幅寫我，「靠北」我的作業，這種因為學習單被學生批鬥的辛酸每年都有，勾起我的悵惘，隨即在改到下一張學習單時，愁緒就像落花，隨風散，逝去無蹤！我給了這張學習單滿分。

子淵能明白我的用心，直言告訴我，我是個「超難學習單」的製造者，單是這一點，夠真誠，就讓我很佩服他的勇氣與直率！

課前預習提高學生課堂專注力

我要求學生課前一定要預習，不管是前一晚在家預習、上學途中在捷運上預習，還是上課前十分鐘預習，就是得先將今天的課程進度看過。「**只有預習，學生才知道文本說什麼，老師提問，學生才能有效回應。**」師生互動頻繁，熱鬧而有趣，瞌睡蟲不曾干擾我的課堂。因為瀏覽過文本，學生知道的會想回答，會想討論，學生不懂的會想稍微了解一下。

國文課是人文學科，幫助學生認識自己，與他人連結，解決困境……等，每個老師都有自己的教學目標，說真的，學生也都是獨立的個體，老師的教學目標與學生何干呢？**唯有從學生的角度設計活動，他才能在一次次的練習中感受到老師的苦心**，才有可能學習到老師所要教的，一來一往間，就會不小心落實了老師的目標，這樣的教育就有可能雙贏。

鼓吹范仲淹競選台北市長

每回上〈岳陽樓記〉，學生就會問：「范仲淹是誰？」調皮一點的學生還會開不好笑的玩笑：「范仲淹可以吃嗎？」更多學生問我：「仙女，念范仲淹做什麼？范仲淹關我什麼事？」學生的質疑正是課堂最好的切入點。

設法串連古人與今人共通的生命情感，幫學生找到學習動機是老師的使命。文學可以賞析，同樣也在解決我們人生問題，從前人的經驗中，解決現在人生的問題，所以我更希望學生可以學到解決問題的能力，進而幫助自己。范仲淹正是現今台灣人民所渴望的政治家，但是，學生不了解范仲淹政治家的胸襟與氣度何在。

於是，我設計了「范仲淹選舉公報」的學習單，讓學生嘗試找到范仲淹與現今社會的連結。題目是這樣的：「十九世紀美國牧師克拉克（James Freeman Clarke）：『政治家與政客的區別在於，政治家著眼於下一代的福祉，而政客，只看下一次的選舉』。台北市長選舉即將到來，范仲淹也是候選人之一，請為他設計一張獨具風格的選舉公報，內容須包含范仲淹生平介紹、學歷和經歷、及十項具體優良事蹟。形式不拘。」

學生只需要上網將他們認為范仲淹足以勝任台北市長的優勢寫出來，不論對錯與否就是一份絕佳的課前學習單。學生多半能看出政治人物的核心價值：

「人飢己飢人溺己溺，廣設義田義莊，周濟族人寒士」

「不畏惡勢力，多次被貶，忠言直諫」

「范仲淹為第一流人物，因此他任期內不會有黑箱作業。」

「吃粥配醃菜非常刻苦耐勞，保證不貪污。」

或者這種推理出來的可愛答案：

「當選後成為最年長的台北市長，極具觀光潛力」

「只會講中原古音」、「唯一活了五個朝代的人。」

每每看到這裡我都會相信我的學生是天才。

我完全可以體會寫學習單的過程中，太陽的升起落下都是煎熬，都是逃避，都是麻痺，都是無言以對，曾經以為的腸枯思竭，源源不絕的是宋代范仲淹的跨時代意義；曾經以為的油盡燈枯，照見現代政治人物的幽暗渺小。也難怪朱熹稱頌范仲淹為「天下第一流人物」。

大家來找亮點

但是，我們的學生有這麼勤快嗎？

班級經營形塑學習的氛圍是所有任課老師的責任，學生在意老師，就會乖乖預習，把完成作業當做自己的責任，學生希望自己更好，也不想讓老師失望。

學生最期待看到同儕的學習單，我將學習單製作成投影片，讓學生反客為主，成為課堂的講師，憑著預習的印象一項項的挑出同儕學習單不合理之處，並加以評論。我印象最深刻的是全班幾乎三分之二的學生都寫「范仲淹去世時沒有棺木入殮」，家豪英挺地站在講台對著大家說：「你們要會審題啊！題目是范仲淹要選台北市長，去世的話要怎麼選台北市長呢？」全班笑成一團，家豪精闢的解答帶領同學們重新了解題意。

只要是欣賞學習單的那一堂課，處處都是記憶點，張張都有亮點，人人都有觀點，學生對國文課的愛有增無減。

讓學生願意主動寫課前預習單的原因有四個：

一、用實質的分數肯定學生寫作態度，人人可滿分。

二、讓學生有嘗試錯誤的機會，即使出錯，嘗試滿分。

三、學生的想像力就是超能力，不急於否定，創意滿分。

四、佳作奇文共欣賞，同儕驚呼連連，自信滿分。

分數會自動解開學生的心鎖，分數是對學生的認同與期盼，會削弱預習時叫苦連天的幽怨，週而復始，學生走過預習的天堂路，才能脫胎換骨培養自學能力。

仙女老師的悄悄話

★只有預習，學生才知道文本說什麼，老師提問，學生才能有效回應。

★從學生的角度設計活動，他才能在一次次的練習中感受到的老師的苦心，才有可能學習到老師所要教的，一來一往間，就會不小心落實了老師的目標，這樣的教育就有可能雙贏。

★班級經營形塑學習的氛圍是所有任課老師的責任，學生在意老師，就會乖乖預習，把完成作業當做自己的責任，學生希望自己更好，也不想讓老師失望。

不再把「分數」視為「公平」的唯一理由

她的眼裡分數代表一切，是學習的成果，是公平的實踐，是能力的呈現，是學生唯一的價值。而我想帶著她看到分數以外的視野，尤其像她這樣的「好」學生，更該跳脫分數的束縛。

芊惠是個「好」學生，課前會預習，上課會提問，課後作業不馬虎，為了追求高分她的學習態度無懈可擊。每當同學們譏笑某個老師的教法，天生大嗓門的她毫不矯情地向同學們開炮，「老師很認真，是你們沒仔細聽他上課」，我對她的正義感肅然起敬。這若是為我平反的學生，我肯定痛哭流涕，三天三夜。

上課中，芊惠最常跟我的對話是：「仙女，我覺得不公平，為什麼我們這組沒加分？」

像芊惠這麼「好」的學生，只在分數上錙銖必較，一分都不放過。**她的眼裡分數代表一切，是學習的成果，是公平的實踐，是能力的呈現，是學生唯一的價值。將學習簡化為分數，用分數詮釋公平，就像商人眼中只有營利而缺乏社會責任。**我想帶著她看到分數以外的視野，尤其像她這樣的「好」學生，更該跳脫分數的束縛，感受學習的溫度與共學的樂趣。

我：「王芊惠，妳這麼兇我會怕耶！」「妳也會對別的老師這麼兇嗎？」「妳敢對妳們班的導師這麼兇嗎？」她大多坐在教室前兩排最中間的位置，近一七〇公分的她，激動時會站起來，指著黑板，指著我，我提防地連名帶姓反問她。

她略帶靦腆地說：「仙女，我沒有兇妳啦！」

她就像顆炸彈，不小心就會引爆。

因材施教才是教育的魅力

回答問題，一題兩分。學生要任何分數，只要講得出理由，我豪氣的「**在意你的在意，成全你的在意**」。

慢條斯理的榮昇我會等他寫完白板[註1]，給他兩分，鼓勵他在終點線前不曾放棄；傻氣的妤宣能條理分明的賞析文本，給她兩分，鼓勵她難得的言之成理；當珮珊帶著白板衝到台前，我也一定會買她的帳，尤其週五她會比平日還要狂熱，兩分入袋。世界上最遙遠的距離就是芊惠的白板在我面前，答案對了也未必拿得到兩分，她不服氣，天生大嗓門的跟我要那兩分，我沒搭理她，她會高八度地再叫我一次，課堂節奏搭配她的叫喊繼續往前。

她有時翻白眼不跟我計較，有時癟著嘴嘟囔兩句。

公平是在需要處給予

政府為了照顧真正經濟弱勢的老年農民，老農年金訂了排富條款，「最近一年度農業所得以外之個人綜合所得總額，合計達五十萬元以上者，不能領取老農津貼」。**讓該受照顧者受到照顧才是公平。公平不是你我都有，而是在需要處給予。**

在學習領域中最微不足道的分數象徵公平，容易造成錯誤的認知，以為分數就是唯一。公平是我看到了你的努力用兩分肯定你，公平是我看到整組的凝聚力用兩分肯定你，公平是我看到了個人學習態度的轉變用兩分肯定你；公平不是個人主義抬頭的兩分，公平不是獨善其身的兩分，公平不是你一個人說了算的兩分，公平不是對著隊友搖頭嘆氣的兩分，表象的兩分與深層的兩分意義大不同。**分組中，有能力的人支援領悟力慢一點的人，「天助自助者，利他而成己」**。

我和芊惠共同經歷了三階段，第一階段我從看著「好」學生芊惠對課業的執著與進取給她兩分；第二階段念著「芊惠妳的學習只要兩分嗎？」，應該是想改變自己讓自己更好；第三階段時間最長，不念她也不給分，就像對待課堂上過度吵鬧的學生刻意忽略而讓他們自我覺察，**時間的濾網微細地篩出兩分之外的情緒，嚴格地**

萃取兩分之外的自省，她愈來愈少要那兩分，她愈來愈少站起來要，她應該感受到我們磨的是彼此的耐性，**她應該逐漸感受到課堂上所有的學習遠勝過計分表上的那兩分。**

有意識的轉變才是真正的成長

高三最後一個月，芊惠迅速地放下白板，擦掉答案，繼續下一題，不再強求那兩分，依著我提問的步調，往前答下一題，不再停在原點，不再困於分數，她的天空豁然開朗，臉上的線條多了點溫柔。

被分數綁架難以體會人文之美，不被分數左右才能輕鬆自在地學習。這是我想教她的，畢業前夕，她學會了。

芊惠繁星上了最南端國立大學物理系。不因考上了大學而懈怠高中課業，認真態度不減，期末一分鐘的口頭報告，她仍舊精心準備海報讓自己盡善盡美，看著她找到學習的方向，我情不自禁地說：「芊惠，妳現在的樣子真迷人。」

芊惠：「是我運氣好，遇到好老師。」

我：「唉唷！『惠』說話了耶！」

芊惠：「我有很認真向仙女學習的。」

我：「芊惠，妳變了。」她朝我笑了笑。

善用三個原則，擺脫過於重視分數的後遺症

芊惠的改變，是必然，不是偶然。善用三個原則就能甩掉因分數隨之的現實功利與患得患失。

一、分數是策略，不是目的，正增強[註2]才能強化學習。

二、得高分是為了自我實現，並協助同儕共學共好。

三、分數的鑑別度因人而異，不求公平，但求服眾。

讓每個學生「被看見」才能彰顯分數的價值。

學生的自省

當我在部落格發表這篇文章之後，芊惠在FB回應我。

「還好，仙女沒有醜化我。說真的，在仙女的課上我學到超多的。最重要的應該是這兩年的國文課改變了我對『學習』的看法。我之前都覺得分數非常重要，重要到……呃……對！仙女妳知道的！會讓我有點激動。雖然我都自我催眠，不要太在意分數，顯然效果不彰。但是，經過這兩年，我發現分數不一定能表現我學到的東西，因為有些東西是那些數字無法表達出來的。還有，仙女也幫助我了解自信是啥東西，不是一定要靠那些數字才能肯定自己！

而且，國文課也改變了我對『教育者』的看法。畢竟我之前念的是升學國中，所以我一直認為要把課本教完，一天到晚考試，丟一堆考卷的老師才是好老師。但，很顯然，高二國文課完全不是這樣。我從這兩年的課程中學到如何思考，如何去當個發光體，這反而是對一個人人生有幫助的東西。」

凌駕於分數之上的教育才能琢磨出鑽石，芊惠便是其中一顆。

仙女老師的悄悄話

★讓該受照顧者受到照顧才是公平。公平不是你我都有，而是在需要處給予。

★有能力的人支援領悟力慢一點的人，「天助自助者，利他而成己」。

★在學習領域中最微不足道的分數象徵公平，容易造成錯誤認知，以為分數就是唯一。

★被分數綁架難以體會人文之美，不被分數左右才能輕鬆自在地學習。

註釋

1 國文課以分組方式進行教學，各組學生將答案寫於白板上，即可了解學生的學習狀況。

2 正增強來自「增強理論」，意旨行為的後果影響行為的主因，在行為反應後得到愉快的結果，便稱為正增強，而且這個行為在未來的出現頻率會趨向增加。反之則為負增強。

培養學生擁有自己的觀點

課堂提問「明君唐太宗和賢臣魏徵，哪一個更為難能可貴？」學生得先判讀題意，二選一。多數人不敢發表自己的看法，想兩面討好，想保持中立，沒有立場，隨波逐流。

開學第一天，學生午覺睡到自然醒，為了讓他們快點清醒，我讓他們起身找三個人猜「帥哥美女拳」，一群人在我的催促下離開座位了，過五分鐘後，精神不見振奮。

上〈縱囚論〉之前，我讓學生們討論什麼樣的人足以死刑定讞，學生普遍無精打采懶得回應。我退而求其次，提了一個狀態，請學生舉手讓我便於統計應該與不應該死刑定讞的人數，第一次舉手認為應該的只有寥寥數人，第二次舉手認為不應該死刑定讞的也是十幾隻手，連舉手表決都懶的課堂是老師沒把氣氛帶起來。我換了個問法，「沒舉手的站起來」，近乎一半的學生站了起來，想必學生會有其他的選擇，我讓他們各自抒發，一個個回答，不管答案是什麼，講了話才可以坐下，有幾個學生不知道該說什麼繼續站著，課堂上場子不熱且冷。

我板著臉說：「你以為上課只有老師講話，你坐在台下看，班級氣氛不好大家都有責任。」「你不喜歡這個老師那你就撐完這學期，期待高二換老師。」納生此時舉手：「如果高二老師還是妳呢？」我回答：「這就是你的命。」這種時候還敢發言的學生我打從心裡佩服，那些站著的學生對於納生充滿敬意。

觀點成就個人

「信義行於君子，而刑戮施於小人。刑入於死者，乃罪大惡極，此又小人之尤甚者也。」〈歐陽修・縱囚論〉

我：「你認為怎麼樣是罪大惡極？」

這學期希望能加強學生長文寫作的能力，「覺得第一組答案寫得好的舉手」，「覺得第二組寫得好的舉手」，有了剛才的經驗，學生都舉手了。第一組寫得雖少，言簡意賅略勝第二組一籌，然而，字數過少，缺乏事例仍需注意。第三組勝第二組在於提出觀點「不知悔改」。第三組以「鄭捷、小燈泡案」為例，又勝出第四、五組許多。「覺得第六組寫得好的舉手」，除了第六組的組員將六票全留在第六組，其他組別的票數仍然都在第三組。

我：「說說看你們覺得自己比第三組寫得好的地方在哪？」

小宏：「我們很用心討論啊！」

我：「說說看你們之所以投自己的原因是什麼？」

一片靜默，三十秒、一分鐘、兩分鐘。無聲無息。

小宏：「我們討論一下。」

我：「剛才是各自舉手，問各自的觀點，無須討論。」

一旦要學生個別發言，學生無依無靠，倍感惶恐。

故事轉換學習氣氛

我講了上週六我去上謝文憲（憲哥）和王永福（福哥）「憲福講私塾四」課程的糾結，當天演練之後學員們要投票給四位演示者，每人可投三票，閉眼舉手投票，我的好朋友Eva恰好是這四個人當中的一個。

第一票，我猶豫要不要舉手，我舉了手；第二票，我再度猶豫要不要舉手，我舉了手；投第三票，我更是猶豫要不要舉手，我舉了手；Eva，在第四組。面對我擔任行銷長的好朋友Eva，我的猶豫、我的掙扎、我的決定，我沒有投票給Eva，我自己也很沮喪。

我跟Eva雖然是好朋友，沒投給他最大的原因是我看到他在授課時犯了與我同樣的毛病，這個對其他人可能不是太嚴重的問題，卻是我們經常提醒自己要刻意避開的關卡，**不投票何嘗不是真誠的友情**。Eva很感謝我讓他知道了他的盲點，**找出盲點比得票更有價值**。我講完這個親身經歷的掙扎，奇妙的是班上氣氛轉變了，學生隔空對話談起了自己對於友情的定義，還不忘舉例說明，有的人在籃球場看見友誼，有的人四海之內皆朋友，有的人與父母的相處就像朋友，故事就像炒菜前預熱油鍋，大火快炒，誘發討論，每一道題都是佳餚。

找出自己的立場，學習開口說

教到〈諫太宗十思疏〉時，課本後面都會有這麼一題問題與討論：「明君唐太宗和賢臣魏徵，哪一個更為難能可貴？」學生得先判讀題意，再來二選一，三十幾人寫著唐太宗是察納雅言，魏徵犯顏直諫，兩人都很可貴，典型的「騎牆派」，不敢發表自己的看法，想兩面討好，想保持中立，沒有立場，隨波逐流。

九十六年學測第二題手寫題佔了十八分，題目列舉出「玫瑰說：我只有在春天開花」與「日日春說：我開花的每一天都是春天」，請學生闡釋與表述兩種花代表的處世態度，以及選擇其中一個並說明欣賞的理由。學測五十四分的手寫題中，佔了三分之一的比重，而學生為求保險起見，散發出大愛精神，兩者都愛，難以取捨，得分不高。

為了讓學生了解二選一是人生必經的過程，我舉了個家裡經常發生的例子。小時候爸媽都愛問：「你愛爸爸還是媽媽？」父母這麼問除了逗逗小孩，在心裡也很想知道小孩子怎麼看待他們。如果你說：「我愛媽媽，因為媽媽都會常常陪我跟我聊天。」選了媽媽再說明選媽媽的理由，爸爸若是想聽到愛爸爸的答案，他會想辦法試著減少應酬，少滑手機，多花點時間與孩子相處。如果你說：「我愛爸爸，因為爸爸給我很多的零用錢。」選了爸爸再說明選爸爸的理由，那麼，媽媽若是想聽到愛媽媽這樣的答案，我想媽媽應該也不會給你更多零用錢，她覺得金錢並不是你這個年紀最需要的，她寧可在這一回合不得分，或者在其他方面陪伴孩子。**表達觀點讓旁人更了解你，如此而已。**

觀點的養成不容易，透過三步驟讓孩子逐步培養說出口的勇氣。

一、選邊說出原因就是好答案。
二、言為心聲有助真誠面對自己。
三、理論依據或個人偏好都是好觀點。
觀點的建立：近期訓練表達能力，中期有助學測得分，長期打造個人品牌。

仙女老師的悄悄話

★一旦要學生個別發言，學生無依無靠，倍感惶恐。其實，表達觀點可以讓旁人更了解你，同時也幫助自己了解自己。

★透過觀點的建立，學生能夠自我成長。近期可見表達能力的提升，中期有助學測得分，長期打造個人品牌。

尊重弱勢 出現彩虹

區區九十五個字，別人十分鐘寫完的段落，動作慢的凱安花比其他同學多更多的時間才能寫完，看著他額頭上因緊張冒著汗，費力而端正的奮力書寫，我的眼眶溼溼的。

二〇一五年六月二十六日，美國最高法院作出歷史性裁決，五比四票數通過全美五十州同性婚姻合法化。我們能愛自己所愛，也應該成全每個人都有愛其所愛的基本權利！今天的彩虹格外耀眼。

以往的禁忌擁有了平權的對待。那麼，**期望不久的將來，台灣的特殊教育也能獲得更多人的重視與協助，獲得平權的基本權利。**

特立獨行的執著

凱安是我高二導師班二〇四的身心障礙學生，除了數學和英文課抽離至特教組上課外，即使程度和一般學生有著極大的落差，他仍和二〇四一起上其他的課程，這種將身心障礙學生和普通班學生放在同一間教室學習的方式，就是融合教育。

國文課的國學常識和文言文是凱安即使碰觸都不容易進入課文的情境，更何況大班教學對他課業的學習幫助不大，他會自己打發這些課堂無聊的光陰，拿著螢光筆把課文畫上整齊的線條，不吵不鬧，有時候也會不小心地睡著，很快地就會被我「凱安，你怎麼可以上課睡覺」的高分貝叫醒。全班四十四個學生，只有將他的座位排在講台前面，上課時我就有多餘的力氣關注他。

班上第一次默書讓我發現了凱安的認真，當全班約莫三分之一的學生在座位上無所事事宣告放棄或放空或發呆的同時，他埋頭寫著：「五代史馮道傳論曰：『禮、義、廉、恥，國之四維；四維不張，國乃滅亡。』善乎，管生之能言也！禮、義，治人之大法；廉、恥，立人之大節。蓋不廉則無所不取，不恥則無所不為。人而如此，則禍敗亂亡，亦無所不至；況為大臣而無所不取，無所不為，則天下其有不亂，國家其有不亡者乎？」區區九十五個字，別人十分鐘寫完的段落，動作慢的他花比其他同學多更多的時間才能寫完，看著他額頭上因緊張冒著汗，費力而端正的奮力書寫，我的眼眶溼溼的。

第二次默書，班上沒有多大的改變，多數學生還是倔強地堅持默書無用，紙上一片空白。凱安在家賣力地背了三個多鐘頭，仍舊滿分。至於，這一段課文的意思是什麼？我想，他並不懂。我的眼眶再度溼潤。

這麼「擇善固執」的孩子，我能為他做什麼？

量身訂做的考卷

第一次段考前，教學組的幹事：「懷瑾老師，妳要讓凱安跟普通班學生考同一份考卷嗎？」

我：「普通班的考卷對他太難了。我會另外幫他出一份適合他的考卷。」

第二次段考前，我剛從貴州公開觀課回來。

教學組的幹事：「懷瑾老師，妳剛回國很累，不然就讓凱安跟普通班學生考同一份考卷好了。」

我：「沒關係。我一定會在段考前，幫他出好一份考卷的。」

後來，教務處的幹事沒再問過我考卷的事了。

高中兩年，十一次段考，我都為凱安打造屬於他程度的段考卷。

讓凱安說自己的故事

剛開始我不太了解凱安的程度，段考卷上只出了默書和問答題。他在國文課分組上課這一題中，讓我看到分組對他的影響。他寫著：「我以前在高一的時候很難專心，因為老師講得很無聊，老師寫黑板的時候只是講重點什麼的，很無聊。現在，在高二的時候，變得非常努力，因為我很清楚，自己再不努力是不行的，然後和同學互動很好，成績也變好了，分組上課對我的幫助很大。」他的表達能力比我想得好很多，我想我可以做得更多。

我去找了歷屆身心障礙學生升大專的考古題，調降了凱安默書的比例，增加選擇題的題型幫助他面對日後的升學考試；為了訓練他的書寫能力，我著手了解他的喜好，增加問答的數量，要求他寫入自己的生活經驗或對自己的評論。

凱安媽媽告訴我，暑假全家將到日本自助旅行，媽媽在家裡教凱安如何規劃旅遊路線，考題中我請他列出期望造訪的景點與當地的特色，他寫著：「築地是東京的漁獲市場，那裡有許多好吃的美食；雷門那裡有許多觀光客前來拜拜；台場是最近很紅的地區，那裡有三層樓高的鋼彈。」這些答案讓我打從心底佩服凱安的媽媽，凱安都還記得媽媽教他的內容；身心障礙學生要學習跟身邊的人表達謝意，我會讓凱安在試卷上寫下對母親、同學與特教組老師的感謝；我也會給凱安一段文字，讓喜歡繪畫的他可以將文字轉為畫面；我也曾經畫了張座位表，讓凱安填上想跟哪些同學成為鄰居，藉以了解在凱安心裡哪些人對他是友善的。每一回凱安的段考卷比起課堂上團體的授課，更像是班級經營與親師溝通的經驗交流。

特殊教育的彩虹

每回發段考卷，凱安一拿到考卷總是迅速地收了起來，學生們從他八、九十分的成績推測他的考卷應該不難。他們總會天真的問我：「仙女，我想跟凱安一樣」、「仙女，我想跟凱安考同一份考卷」，**羨慕的是考卷的簡單與輕鬆，卻忘記這是一個弱勢孩子的無助與孤單。**

我只是淡淡地說：「如果你願意過著和凱安一樣的人生，我當然也願意幫你出一份特別的考卷，甚至十份、二十份都沒有問題。」學生全都搖頭拒絕了我。

期望不久的將來，**不再讓身心障礙孩子枯坐教室聽著深奧難懂的學科知識，而是適才適性訓練他們面對生活的能力**，讓台灣的特殊教育也像今天彩虹飄搖的天空充滿希望。

仙女老師的悄悄話

★以往的禁忌擁有了平權的對待。那麼，期望不久的將來，台灣的特殊教育也能獲得更多人的重視與協助，獲得平權的基本權利。

★我們能為弱勢的孩子多做些什麼？觀察與同理，適才適性的訓練，才能有效幫助孩子面對生活。

慢慢來，我等你

教學進度與等待凱安何者重要？教學進度的調整在設計活動時稍加注意，並不差等待凱安的那一點時間。我不只等待凱安，也等待著正在聊天的孩子。

高三最後一次IEP（個別化教育計畫）結束後，我問凱安媽媽：「凱安會跟妳說他在班上的情形嗎？妳怎麼知道我們對凱安是善意的呢？」

凱安媽媽說，高二以來，當她放學到校門口接凱安，看著凱安從學校走出來，臉上的表情是舒緩的，是放鬆的，不像以前渾身是刺，武裝自己。

凱安舉手投足散發出被眷顧的無憂。

引導學生發揮溫柔的同理心

我們班國文課是分組教學，全班分成七組，我負責提問，各組學生將答案寫在白板上，我可以馬上了解學生的學習狀況，再加以補充說明。為了不讓凱安成為課堂上的「過客」，輪到他時，我出的題目會稍稍簡單，答案的字數較少。他寫字一筆一劃精雕細琢，其他五組都已經把答案寫好讓我看過，他怕我不等他，心急的舉手大喊：「等一下」。為了安撫他，讓他不這麼慌張，我回應他：「**凱安，慢慢來，我等你**」，跟他同組的學生知道我願意等他，像得到救贖，與凱安患難與共。

凱安頭也不抬的寫著白板，其他組學生們找到機會趁機聊天，而凱安如入無人之境聽不到那些聲音，寫好之後，他再氣喘噓噓高舉白板，幸不辱命的等待下一回合的答題。

教學進度與等待凱安何者重要？教學進度的調整在設計活動時稍加注意，並不差等待凱安的那一點時間，漸漸的，凱安同組的學生以凱安的學習為己任，他們將凱安不會的字寫在手上或紙上讓他抄寫，凱安邊看同學的提示邊作答，他很有參與感，不再像教室裡的「客人」。我在等待的過程中，靜靜看著那些聊天的學生，我沒有責怪這些學生，擔心他們遷怒凱安；我沒有責怪這些學生，他們正練習自我覺察，**我不只等待凱安，也等待這些聊天的孩子**。

高二上學期期末，我還是說著：「凱安，慢慢來，我等你」，教室只聽到窗外冷風颯颯，殊不知史上第一遭全班一起等待凱安的奇景出現了，這奇景日後成了三〇四日常的風景。**引導學生成為一個「有溫度」的人，最有影響力的方法就是「老師帶頭做，學生看著看著也會做」**。

高三下學期，學測結束，教室裡學習的狀況更為散漫，我改變上課方式，讓每一組學生上台教高三下學期的課程，學生們在教課前幾週找我討論上課內容，做簡報，設計活動，每一節上完課，全組還要與我開會檢討得失，但我忘了交待學生要「等等凱安」。

第一次上課，凱安對寫白板一如既往嚴陣以待，鈺淇說：「凱安，慢慢來，我等你」，我站在教室後面，一時間止不住情緒，哭花了妝，背對著全班，感動鈺淇對凱安的體諒；佳昕上台教課那天對著凱安說：「凱安，慢慢來，我等你」，這句話好熟悉，這是我這六百多天每天重複不斷說的話；其他學生上台教課也如法炮製對凱安這麼說：**「凱安，慢慢來，我等你」，溫柔等待，同理對待。**

「小花理論」註1讓三〇四遍地開花

了解學生特質就能找到凱安的天使。

珮綺善良含蓄，是坐在凱安身邊的首要人選，我問她會不會想換位置？她懂得欣賞凱安，說著「不用啦！」分組時，她若發現凱安落單了，她會是那個跟凱安同一組的組員；映辰正義感強，若凱安對同學的態度不盡理想，映辰會直接說：「凱安不可以這樣喔。」每年年底，我們學校總會舉辦校外路跑，他們自告奮勇的陪著凱安看盡路上風光。凱安對她倆很客氣，放學還會主動道再見。畢旅時，他們也是陪著凱安的娘子軍，我總跟他們說：「有你們真好」。

莉雲是學生會會長，她活潑熱情，喜歡在大庭廣眾下呼喊凱安，她開了個LINE群組，取名為「我們都愛凱安」，這麼真心的名稱，千金難買。在這個群組裡，就算是課餘時間，凱安媽媽和我都能知悉他的校園生活，**親師生凝聚共識，融合教育更有價值**。只不過，凱安覺得她是攜帶式喇叭，不堪其擾，凱安媽媽也多次告誡凱安對莉雲要有禮貌。

標竿學生帶頭做，其他學生看著看著也會做，每個學生都會成為愛的小花[註1]。

我們的感謝都化為行動

高三畢業前夕，凱安媽媽原本想請外燴到班上，謝謝全班對凱安的照顧。幾番推辭，我不忍違逆媽媽的心意，找了一個午餐時間，班上享受著麥當勞。

學生們為了感謝凱安媽媽，想送給凱安一個特別的禮物：全班一起跳國小的健康操。班會課時間，學生們將桌子挪到教室後方和旁邊，拉著我一起跳健康操，預演兩次才正式開錄。班長天晴站上窗台為我們錄影，鈺淇找了嘉徽跟我兩兩配對，我第一次跳健康操，手忙腳亂笑得開懷，希望往後凱安聽到這首歌會記得在三〇四的美好時光。鈺淇和羿汎的巧手更把全班和我的祝福折成了瓶中信，送給凱安。

我非常感謝凱安媽媽，沒有因為凱安昔日許多不愉快的校園經驗而關上心門，願意放手讓凱安與我們相處，不會把同學玩笑式的語言視為欺凌，更再三提醒凱安要注意同儕間的分寸，媽媽讓我們更願意付出愛與關懷，是一位很了不起的家長。

老師的心意有增無減

特教組的老師轉達凱安國中老師的話讓我知道，他們很開心凱安現在在三〇四過得很好。因為凱安在國小和國中都遭到同儕不友善的對待。

畢業前夕，特教組高德育老師和張又文老師費心地替畢業生辦了歡送餐會，披薩與可樂，有吃有喝，凱安泡了奶茶親手端給我，送了氣球花給我，看著長大的他，心裡有股說不出的感動。我突然想到凱安媽媽曾經說的「**特殊生家長都希望自己能比小孩晚一天離開這世界。**」希望凱安一輩子順利無波。

午餐結束，我請凱安將披薩送給莉雲，他聽到莉雲的名字一貫地不耐煩，皺了眉頭說：「哎呀！不要啦！」我也不再給他壓力：「那我不勉強你了，你想送再送好了。沒關係。」我轉身離開特教組。

才剛踏進辦公室。莉雲得意地拿了披薩到導師室，「嘿！嘿！嘿！仙女，凱安拿披薩到畢聯會請我耶！」凱安破天荒對莉雲釋出善意，我們都笑了，笑得眼睛都瞇了起來！

兩年來，我們一直以為是我在教他。畢業了，才發現原來是他在教我們。凱安讓我們學會最溫柔的對待，無非就是等待。

仙女老師的悄悄話

★引導學生成為一個「有溫度」的人，最有影響力的方法就是「老師帶頭做，學生看著看著也會做」。

★「特殊生家長都希望自己能比小孩晚一天離開這世界」。充滿愛與不捨的字句，點出特殊生家長的辛勞非比一般，需要理性的決策，感性的包容，以及校園師生的互助。相互秉持「溫柔等待，同理對待」的心態，使家長與師生凝聚共識，融合教育才更顯價值。

註釋

1 **小花理論：**一個邋遢的年輕人，住在一個凌亂的房子，某一天有人送給他一朵小花，他放在書桌前靜靜欣賞，為了這朵小花他找到一個花瓶將它供養，可是他發現他的書桌實在太髒了，於是他開始著手整理他的書桌，接下來他發現他的房間與整齊美麗的書桌不搭配，於是他也將他的房間整理乾淨，最後他照鏡子發現自己披頭散髮鬍鬚太長，於是他也將自己重新梳洗乾淨，最後整個人與環境都煥然一新。

懂得關心，才能「不關心」

我想帶著學生認識屈原，也想帶著學生了解「自殺防治」的重要。我出了這樣一張學習單：請畫出〈漁父〉中：「屈原既放，游於江潭，行吟澤畔，顏色憔悴，形容枯槁。」屈原的樣貌。

我曾參加精神科的醫療講座，主講人說：「屈原應該是中國歷史上最早罹患憂鬱症的人，感謝屈原讓我們端午節得以放假一天。」全場哄堂大笑，這些笑的人想必不了解屈原內心的波濤洶湧。屈原被流放了兩次，第一次歷時六年，第二次長達十八年，漫長的歲月裡隨處都可以聽到這樣的譏諷，訕笑著他「舉世皆濁我獨清」的固執與愚蠢。

大人都盡情地嘲笑屈原了，我們的學生怎麼會想認識他呢？對學生來說，屈原在文學史中的地位比不上學測考題如何考屈原。我想帶著學生認識屈原，也想帶著學生了解「自殺防治」的重要。我出了這樣一張學習單：

請畫出屈原〈漁父〉中：「屈原既放，游於江潭，行吟澤畔，顏色憔悴，形容枯槁。」（翻譯：屈原已經被放逐，在湘江、沅江一帶的深潭邊徘徊，沿著沼澤行走吟唱，臉色憔悴，身軀消瘦。）屈原的樣貌，並寫出他當時心中的千頭萬緒。

屈原形象栩栩如生

琬玲的屈原整天茶不思飯不想，雙頰凹陷，長時間的操煩以致頭髮斑白，印堂發黑，怨念太深，精神不濟；東霖用陰影打底重現孤單的屈原，反覆地說著：「為何不相信我啊？」晨昀的屈原面容憔悴，骨瘦如柴，披頭散髮，口中喃喃自語；雅筑的屈原只剩胸骨，看不到生機，像個瘋子似的念著「我明明什麼事都沒有做錯」；晟鈺將阿吉仔〈命運的吉他〉這首歌套用在屈原身上，屈原哀戚地唱著「我比別人卡認真，我比別人卡打拼，為什麼？為什麼？我比別人卡歹命？」經年累月情緒低落，悲觀厭世，低存在感，入睡困難，異常的神經質，屈原臉上盡是失意文人的落寞。學生眼裡心裡的屈原充滿對命運的控訴與萬般的無奈。

與其老師講得口沫橫飛，不如讓學生同理感受，馳騁想像，形塑仕途不順，遠離國家權力運作機制的屈原，當他生命理想和人生成就面臨巨大挫敗是怎麼樣的形銷骨立。「倘若我們感受到身邊的人像屈原出現上述徵狀時，應該及早通報或就醫避免遺憾的發生。尤其，**輕生的人會若有似無留一絲線索，讓我們有跡可循，關心才能『不關心』，切勿抱著與我何干的心態，一笑置之」**。這堂課的尾聲我語重心長地留下了這樣的結論。

都是屈原的錯，仙女快接電話

暑假期間，我剛從日本回到桃園機場，手機一開機，跳出兩則訊息：

晟鈺：「都是屈原害小花悲觀的。」

愉恩：「仙女，妳去看小花臉書的發文，我跟晟鈺都在想他會不會去自殺？都是屈原的錯，仙女快接電話！」

我上網，小花已刪除貼文，其他學生火速將小花全文截圖給我，從頭到尾的消沉抑鬱。「……乾脆當個安靜害羞沒有意見的小孩，最好完全沒有朋友，這樣才不會有失去的痛苦，越大只會感受到世界的殘酷……很煩。我寧願學屈原。」

我跟小花談了許久，他覺得有些事無人可說，說出來怕會得罪人，積壓在心裡，好累。開學以後，我總會不小心繞到小花身邊陪他聊聊，狀況好時，他會說沒事，對我笑了笑；心情不好，也願意跟我說說心裡話，班上學生也會回報我小花的新動態，我們都能感覺小花到比以往開朗些，輔導老師也加入輔導小花的行列，直到畢業。

救人一命勝造七級浮屠

「萬一小花發生了什麼事怎麼辦？」一想到那些出事後難以承受的畫面，和後續要處理的紛雜，我不禁感激晟鈺和愉恩對於人命關天的敏感。

晟鈺和愉恩：「仙女，不好意思啦！不要啦！記大功怪怪的。」他們覺得舉手之勞，微不足道。

我與輔導老師討論後，寫了簽呈給校長，記上晟鈺和愉恩大功一支表達我的感謝與防微杜漸的機警。「……晟鈺與愉恩認為助人之舉乃小事一樁，不足掛齒，但在導師的眼中此舉卻如珠玉潔白之難能可貴。人命關天，兩人不是用嘲笑戲謔的態度，也不是抱著看好戲的心理，……這兩名學生能有此警覺降低了憾事發生的機率，經與輔導老師范昕玲溝通後，一致認為防微杜漸勝於事後宣導與補救，懇請校方針對晟鈺與愉恩對於此事的高度關注和警覺給予大功之實質肯定，也足以為其他學生之表率。」

想想小花發文時的心理狀態與外在神情是不是像屈原當年一樣沮喪？當年如果有人覺察到屈原的鬱結，屈原的人生或許會有不同的選擇，這就是文學作品中歷久不衰的人性共感。即使課程結束後，學生仍能產生相關的連結，無疑地，這是個很成功的教學設計。

在生命轉折處放下批評與猜疑，從細微處看到同學的茫然與徬徨，懂得通報導師，課堂活動設計落實生命教育有三個重要的關鍵：

一、師生互信，學生會成為老師的雙眼，主動關懷弱勢學生。

二、重視學生的感受，把學生的話當真，學生就能聽進去老師的勸慰。

三、活動設計務求觸發學生的同理心，內化成生命中不可或缺的養分。

「關心才能『不關心』」，不只適用於自殺防治，也是班級經營的核心價值。

仙女老師的悄悄話

★與其老師講得口沫橫飛，不如讓學生同理感受，馳騁想像。

★輕生的人會若有似無留一絲線索，讓我們有跡可循，關心才能「不關心」，切勿抱著與我何干的心態，一笑置之。

3-7 我們不語是默契

書寫比嘶吼更有力量

我在黑板寫著「把你們放在心上，來看你，是關心，是信任。」早自習的黑板成了我們班的一大特色，老師用情，學生領情，互動在其中。

每天開車上班的路上，我都會想今天早上要跟學生說什麼，哪些話適合在這樣的早晨說，不一樣的日子，不一樣的心情，不一樣的天氣，說話的遣詞都不一樣。

早自習應該是規律的，有精神的，是寧靜的。若安排了考試，學生考完之後可以做自己的事；若沒有小考更好，學生能夠自主的規劃自己的晨讀時間。**「非寧靜無以致遠」，不追求熱鬧，心境安寧清靜，學生一天在學校的時間長達八小時，只有這半小時絕對安靜，相對自由。**

既然要求安靜，那麼學生可以切磋課業，可以講話嗎？我不反對，但請到走廊講，還給教室裡的同學一片寧靜。導師可以訓話或宣佈重要事項嗎？可以，只要讓寧靜繼續存在就好，那導師要怎麼宣佈呢？這段靜謐的時光可不能斷送在導師的手上啊！

新學期剛開始的前兩個月我會比七點半還早進教室，學生一進教室看到我，揮揮手打個招呼就座，嘴巴很自然闔上，不多說一句話，免得破壞秩序的和諧而招致稿紙來到。兩個月之後，學生習慣了這樣的作息，就算聽到我高跟鞋扣扣扣的聲音離教室不遠，也不會緊張得正襟危坐，做他們本來該做的事，頂多抬頭就算是與我打過招呼了。即使我不在教室裡，教室井然有序得就像論語中孔子所言：「天何言哉？四時行焉，百物生焉，天何言哉？」老天爺不說話，四季照樣運行、百物生長，學生怡然安頓一早的身心狀態。

孩子，我有話想跟你說

我從不在早自習找學生談話，也不在此時簽假卡，除非有臨時且緊急的事非得一早處理，不然所有需要出聲的工作都是從八點才上發條。

我不想蹉跎早自習跟學生們相處的時光，**我在黑板上寫下想對他們說的話，不勉強他們一定要看，但我知道他們都看到了**。我總會在留言的最後畫上一個笑臉。這是我跟學生的默契：「你看到笑臉就像仙女在對你笑，很開心看到你準時到校。」我沒有什麼畫工，質樸的一個圓，兩個眼睛與嘴巴，很多學生模仿我的招牌笑臉。

剛開學，師生的攻防戰源自於學生抱著老師要來「監視」的心態，糟蹋了我大清早趕著參加早自習的美意，我在黑板寫著「**把你們放在心上，來看你，是關心，**

是信任。」最後畫上笑臉，用橘色粉筆寫下關心兩個字，有別於其他白色的粉筆字。學期末學生擔心被當，我會寫：「每到學期末會有一群學生問：『仙女我會不會被當？』我從來沒想過當掉學生，只想問三個問題：一、學習單是否認真寫滿？二、分組討論是否投入？三、每天念國文十五分鐘？向來都是他們把自己當掉的，不是我。」結尾處依然有笑臉。學生不會再問他們會不會被當，逕自盤算學習單的分數，分組會多點戰果，課前的預習會想讓我知道，課後的複習我一問就知道。

早自習的平靜閒適，是我們師生共同護衛的自主價值，是我們班的決心，就像為了維護生態不拿塑膠袋那樣的執著，不是因為老師在，更不是因為小考。特別是段考考完的隔天，全校幾乎都沒有小考的那個早自習，整條走廊只有我們班鴉雀無聲，學生們在平常的軌道上運行，做自己前一天未完成或今天想做的事，其他班級的吵鬧讓我們處於桃花源的仙境中。

孩子，我感受得到你的改變

一個滂沱大雨的早晨，我開車時心裡想，學生淋得濕答答的，路上又塞車，能八點前到學校已是萬幸。但我仍想要鼓勵那些準時的學生們，我一進教室不敢相信這是個惡劣天氣的早自習，全班都坐在位置上了，我當下有股想吶喊的悸動，很想大聲地說：「我們一〇四真的太棒了。」我還是按耐住心裡翻天巨浪，在黑板寫下了我對學生們的敬意，那一天我用了更多橘色的粉筆，畫上笑臉後，我走回導師室。八點，妍霖來找我，「仙女，不好意思我今天遲到了。」我表示一點都不介意她的遲到，雨勢太大，大到我開車到學校的路上狀況不斷，能平安到學校就好了。她難為情的說：「仙女，因為妳寫全班都沒遲到，我真的不是故意的……」我愛我的學生們待我真誠。

早自習，學生容易恍神，聽覺遲鈍，忠言逆耳，左耳進右耳出。**文字容易有助於沉澱思考，昇華感動**。學生期待看到早自習的黑板，就會想盡辦法不遲到，有些學生當天的ＩＧ是早晨黑板上我的字跡，**早自習的黑板成了我們班的一大特色，老師用情，學生領情，互動在其中**。

阿雅為了念她鍾情的表演藝術，高二轉學了，她很喜歡她的新學校。她告訴我，她的新導師總是跟她們說早自習不要講話，可是導師自己講了好多的話，非得佔用早自習到最後一秒鐘。她想念仙女早自習的黑板，想念自由的早自習，我也想念她曾是我黑板中的主角。

從早自習擴散到日常

每學期高一總會有一堂班會課必須用來施測「興趣量表」，一般學生差不多三十分鐘作答完畢，這不是個比速度的測驗，謹慎的學生往往近五十分鐘才繳交答案卡。我想讓提早交卷的學生可以做自己的事，作答完畢就可以將答案卡交至講桌做自己的事。交卷的人做自己的事，施測的人施測，井水不犯河水。

我先講了個昨晚發生的事：「昨晚，一個其他學校高三學生傳訊息問我，他該填喜歡的校系還是聽從爸媽的選擇？或許，不需要等到高三再問我這個問題，高一的這個測驗能做為高二選組的依據，你可以在選組時思考自己的未來。」

我怕提早交卷的學生影響學生，再三強調：「憑直覺畫卡，依你的速度填完就好。寫完了，可以做自己的事，請不要影響還在施測的同學。」

三、五個學生同時寫完了，班上出現交談聲，這聲音不算太大，對我是種干擾，我若出聲制止對施測學生更是干擾。我依序找了幾個提前交卡的學生在走廊談話；副班長也到走廊提醒我今天該選班級優良學生。我進出教室的次數愈多，班上更增添濃厚的歡樂氣氛，少數不擾人的學生沉默，是金。

顧及部份學生仍在作答，我不作聲的在黑板上寫下：「剛才說過：『請尊重還在施測的同學，若你交卷了，可以做自己的事。』有多少人還記得這句話？**有多少人還記得把別人放心裡？**」當橘色的粉筆在黑板間行進，學生全都靜默了。

書寫比嘶吼更有力道，與其高聲責備，不如讓學生靜下心想：

一、自律是王道。

二、風氣成習慣。

三、溫度重行動。

教會孩子反思，他才會知道自己想要成為什麼樣的人。日後，環境再苦再累，挫折再多，負擔再重也不容易迷失方向，也不會失去對人世的熱情。

仙女老師的悄悄話

★「非寧靜無以致遠」，不追求熱鬧，心境安寧清靜，學生一天在學校的時間長達八小時，只有早自習的半小時絕對安靜，相對自由。

★書寫比嘶吼更有力道，與其高聲責備，不如讓學生靜下心思考。

★教會孩子反思，他才會知道自己想要成為什麼樣的人。

了解學生特質，縮短師生間的距離

高中的婕伊，第一節快下課才進教室，要不就是十二點前提著午餐到教室……，我記得她的座號是十三號，點名板上經常缺席的號碼，落單的十三號。

婕伊一點也不喜歡上學，畢業後會因為什麼理由回到學校？

一掃陰霾的淺笑

期末考監考的空堂婕伊傳了簡訊給我。

婕伊：「仙女，妳在嗎？」

我：「等等我要監考。」

婕伊：「我只是想拿東西給妳。」

今年過年過得早，大學放寒假正好遇上了高中師生忙碌的期末考。

我跟婕伊約在一〇六教室門口。婕伊給我的禮物袋子上還別了朵玉蘭花，有著淡淡的幽香，很符合她的淡雅，她還是跟以前一樣靦腆。昔日臉上活蹦亂跳的小痘痘一掃而空。罕見的是她臉上漾起的笑容，點亮了我的天空，那一抹微笑讓我相信現在的她肯定比高中快樂。

我一走進教室。一〇六問我：「仙女，妳剛才在擦眼淚喔？」

我像是被看穿似的說：「走廊上風沙很大，眼睛進沙啦！」

空空如也的座位

高中的婕伊，第一節快下課才進教室，要不就是十二點前提著午餐到教室，或者是一整天都看不到人，可能身體不舒服在家裡休息，可能還有其他能待在家裡的好理由，她就是自己的主人。只要她說服了自己，就會來上學。我記得她的座號是十三號，點名板上缺席的號碼，落單的十三號。

婕伊像羞澀的含羞草，蜷縮在外界紛擾之外，萬千事擱在心底，臉上表情很少，彷彿天底下事都不值得牽動她的嘴角，天塌下來都不一定會壓到她，我看不透她的世界。她特別不愛笑，我很少看到她笑，很少，很少。**有幾次，我在國文課看到分組的她笑著跟同學討論，國文科是她的強項，她喜歡閱讀，也很有想法，我很珍惜她的笑容，排座位時刻意安排她熟悉的同學在她周遭。**還有一個重要的原因，希望增強她上學的動力。我不只這麼做，也讓她知道我這麼做的用意。

沒有距離的對話

我跟她說話，她多半靜靜地聽，她看起來雖嬌弱卻不順從，表達反對立場時，「不要」說得又快又不留情面，有個性是好事，她知道我能包容這樣的她。特別的是她不多話，不會有「喔」、「唷」、「嘛」甜甜的語尾助詞；她的發語詞是「嗯」；她的認同也是「嗯」，不是「好」，就只有「嗯」。

「仙女，我昨天忘了跟妳請假。」她把假卡放到我面前。她沒請假，我不簽名。我問她：「寫稿紙好嗎？」她沒什麼表情，拿了稿紙就走。有時候會說「謝謝仙女」，就這樣離開我的視線。我想她不討厭我，不然以她的個性會斬釘截鐵地說「不要」。她會在放學前將稿紙放我桌上，遲到和蹺課讓婕伊的警告多得不可勝數，她幾乎是把稿紙當作日記來寫，寫出她對文學的熱愛，寫著我們精彩的國文課堂，**別人視為畏途的稿紙，對婕伊是救贖。我在稿紙裡了解婕伊，她的文字比她的聲音有更多的情緒與張力。**

畢業前夕，她想通了，在輔導室與銷過單中寫著無數的讀後心得，好讓自己能夠零警告的結束高中生涯，我在每一張銷過單的導師欄簽下我的名字。

日子不斷重演，剪斷了我們之間的距離，她對我這個導師是有好感的。

有心就有感動

整個高一走廊只有我和婕伊。

我看著手上的袋子問：「我可以現在打開來看嗎？」

婕伊：「禮物可以，卡片等我走了才可以看。」

婕伊做了各式卡通餅乾給平平安安，她不好意思地說：「以前說要做給妳的，可是現在也還不是做得很漂亮。」

我：「以前的事妳還記得啊！」「回到家，我一定馬上把餅乾給平平安安，跟她們說是婕伊姊姊親手做的。」

我會記得婕伊，她在我心裡是很棒的孩子。

娓娓道來的改變

有些學生在學校裡就經常黏在我身邊，一畢業一忙就沒消沒息了。婕伊回來學校讓我受寵若驚，我也很想知道我們之間的質變從什麼時候開始。

我打開卡片，她寫高中時期的她與我，「下意識地不蹺掉國文課」，固執的她以前即使這麼做，卻不曾對我說過這麼肉麻的話，這樣的告白讓我想起以前她國文課上到一半還是走進教室，只要她來，我都開心。「……即使段考考得很好，仍舊被當不知道幾次，我對仙女也是感激的。感激妳每堂課不流於表面的教學，感激妳靠人脈請來的優秀社會實踐者到班上演講，特別印象深刻的是楊智鈞醫師。**如妳所見，我不是個好學生。於我，妳也不是理想的導師，但妳絕對是個好老師，妳灌輸的好的觀念和習慣如今已成為我生活很重要的一部份。……**」

卡片內頁充滿了我習慣的字跡，另外兩張條紋紙中，跟我分享她到小學宣導法治教育中間發生的突發狀況。有個小學生舉了手就往台上走去，婕伊想到我曾說過的話：**「只要敢走出來，站上台，都應該給他們機會。」**她將「啊！我不是要叫你上台。」這句話吞了下去，讓那孩子說出答案，學姐誇她表現得很好，如果不是國文課多次上台發言的練習，她無法在幾十個小朋友面前勉強壓下緊張的情緒順利完成那場宣導。我想到兩年前要婕伊舉手難如登天，她那張淡無表情的臉龐。如今，她用這樣的方法來激勵其他的孩子，**我想她看著那孩子的臉一定就跟我當年看著她一樣，充滿了感動與喜悅。**

把愛傳出去

婕伊送我卡片後沒幾天，我去了新竹少年之家演講。我將婕伊送我的卡片拿了出來，說著我跟婕伊的故事……。

什麼是影響力？**物換星移，仍能點燃對方的渴望**。這應該就是婕伊回來看我的原因。

仙女老師的悄悄話

★珍惜每個孩子的笑容，找出並增強他們上學的動力，也讓他們知道老師的用心。孩子們有個性是件好事，他們更希望老師能包容這樣的他。

培養學生發言勇氣的三個方法

宇倫是個直話直說的學生，得理不饒人，他出口的瞬間就有可能引發衝突。他從不遲交作業，老老實實的交作業，當我收著遲交作業時，他終於怒氣沖沖的放聲大吼……。

子安：「仙女，妳下課前留三分鐘給我，我要跟學弟妹講話。」

我：「你想講什麼？」我雖然這麼問，也沒期望他馬上就會告訴我答案，他既然說了下課前三分鐘，應該是早就安排好了的橋段才是。

子安：「你就留時間給我就對了。這就是我今天回來學校的目的。」

子安今年大一，早上沒課回來母校，就像督導一樣巡視一〇六的國文課，問我這一屆表現如何，還在一〇六陪我上了一整堂的國文課。

遲交作業一律零分的話，從來沒兌現過

沒有時間觀念的學生讓人煩惱，作業想交才交，一副老大心態，交了作業老師就得要改，連說聲遲交的理由也沒有，作業放在我辦公桌上就離開。有時候收發處拿來的公文往桌上一擺，書商送來的測驗卷和參考書將學生作業淹沒了，學生還會大言不慚的說：「作業放在妳桌上了，妳弄丟了，要想辦法還我。」更有甚者還會補上：「我寫得很辛苦，老師妳沒看到，真是太可惜了。」千錯萬錯都是老師的錯，誰叫老師的桌上這麼亂。**我就在漫無目的的輪迴中，收著一張張遲交的作業，**

永遠都有遲交的作業要改，愈接近作業抽查份量愈重。

早在我教書第一年，就曾除惡務盡地說出「遲交作業一律零分」的狂語，說完沒兩天我就後悔了，每當學生苦苦哀求，說著：「老師，我昨天晚上補習到十一點多回家，一想到妳的作業還沒寫，趕緊坐到書桌前面寫，寫到十二點多。」這樣的作業我收下了。

「老師，我不是不想寫妳的作業，只是妳的作業很有創意要想很久，我一直到昨天晚上才想到應該怎麼寫。」這樣的作業我也收下了。

「老師，我上個星期社團很忙，找不到時間可以寫作業，我昨天剛好請病假在家，抱著病體把妳的作業寫完了。妳看我有沒有很愛妳？」這樣的作業我竟然也收下了。

我收下了每一份情有可原的作業，收下了每一份作業附上的甜言蜜語，尤其是那些逞兇鬥狠的學生還願意交作業，我實在無法狠下心來給他們零分。

不平則鳴是正義的化身

宇倫是個直話直說的學生，得理不饒人，他出口的瞬間就有可能引發衝突。他從不遲交作業，老老實實的交作業，當我收著遲交作業時，他終於在國文課堂怒氣沖沖的放聲大吼：「妳說過：『不收遲交的作業，遲交就是零分。』有人遲交妳還打分數，根本就是**婦人之仁**。」一霎時間全班都安靜了。一個十六歲的青少年在課堂上，聲音比我還大聲，震耳欲聾。我大可以當著全班的面斥責宇倫不尊師重道，以維護我教師的尊嚴，我還可以責備宇倫態度不好請他到教官室寫自述表，我更可以聯絡宇倫的家長，請他們嚴加管教，但我沒有，我聽進了宇倫的話。

宇倫沒說錯，我在學生面前踩著自己的承諾。自那次以後，這十幾年間，我不再收無故遲交的作業。

表達自我觀點是很件自然的事

一〇二年，大一的紹毓回來，一上台就對著我高一導師班的學生們說：「仙女這個人很奇怪。」一個已經畢業的學生帶著思念回母校探望教了自己三年的導師，可見我們感情深厚，她卻又跟學弟妹說這個導師很奇怪，翻攪學弟妹的內心，不自覺地勾出一些以為學姐站在他們同一邊的真心話。

坐在離講台最近的女生就像遇到知音一樣舉手附和說：「真的很怪，上課都不准我們喝水。」紹毓：「那妳看過仙女上課喝水嗎？她上課講這麼多話都沒喝水，妳為什麼要喝水？」

宇倫事件後，我發現我總是可以輕而易舉聽到學生對我的評價，我不會特別想要辯解，也不覺得多辯解能夠幫自己加分，喜歡是內心的感受，強求不得的，規矩拿捏一視同仁，才有可能杜絕雜音。**重點不是喝水，而是制度。有了制度，溫度才有意義。**

溫度的傳染是很平常的事

下課前三分鐘，我遵守與子安的約定，將時間交給他。

子安問學弟妹：「你們聽到仙女大吼或尖叫的機率多高？你們可以寫板。你們可以說實話。」我想子安問這個應該有用意吧！不過，我不知道他到底想說什麼？我知道學生說實話我也不會秋後算帳。

我不是很確定自己是不是經常大吼大叫，我可以確定的是學生都覺得我經常大吼大叫，甚至曾經有學生跟我說：「如果上課沒有尖叫的話就不像仙女了。」

接下來子安的話讓全班靜下來：「**當你們聽到仙女大吼大叫的時候，要提醒她記得用麥克風，不要傷了喉嚨，仙女經常尖叫，喉嚨會受傷**。以前，有一次仙女聲帶發炎沒有聲音，幾天沒辦法上課，我想你們應該不希望因為這樣不能上國文課吧！」我想起了那幾天明明來上班，卻無法開口說話的痛苦，沒想到子安還記得。

子安下午滿堂，要趕回學校上課，我送他到校門口，謝謝他專程來看我和一〇六，還有一杯大杯的珍珠奶茶。能被學生這麼小心翼翼地放在心上，感覺很幸福。

三個方法，培養學生發言的勇氣

實習老師問我：「仙女，妳怎麼讓學生這樣講你啊？」

我：「他們說錯了什麼嗎？」

一、肯定學生說出口的話，只有立場問題，沒有對錯與否，學生才有發言的勇氣。
二、把學生放心上，學生就會把老師放心上，教學不只是教與學，更是「交心」。
三、現在以為極稀鬆平常的事，都是日積月累的養成，習慣成自然，說話也是。

仙女老師的悄悄話

★有了制度，溫度才有意義。許多規矩的拿捏須一視同仁，才有可能杜絕雜音。

★老師與學生並非對立關係，教學不只是教與學，更是「交心」，從肯定學生、把學生放在心上做起，學生也自然而然把老師放在心上。

教學的迷人之處是什麼呢？

當禮物交到我手上那一刻，我的眼前下起了雨，「厲害的手工禮物」瑀柔還記得，眼前的雨下個不停，我不自然地拍著她，想掩飾這突如其來的一場大雨。

我不記得上次穿長裙是多少年前的事？為了行動自在些，我大多穿短裙。

遲到是人生的選擇

我教了瑀柔兩年，她平常表現就兩點讓我想忘都忘不掉：一是作業遲交，二是上學遲到。前者我不多催促，想交就交，不想交就算了，都高中了交作業是學生的責任，不應該再讓大人們為此傷神；後者，我處理方法很簡單，寫滿一張六百字稿紙，對於這兩件事我已經不會動怒，沒有情緒的說著：「**寫稿紙與守時都是人生的選擇，我多的是稿紙**」，她寫的稿紙愈多，我們聊天次數就愈多，遲到愈來愈少。

她的自我意識被喚醒了。

「再給我幾天時間」的諾言

不同於其他缺交作業的學生，瑀柔從來就不是故意不交。她糾結成一團的五官像會說話一般，老是告訴我：「再給我幾天時間」，今天講、明天講，後天還是這麼講，作業不只掛在她的心上，也掛在她每次看到我的表情上，我淡淡地說「慢慢來，我等妳」。然而，多數時候歉意就是這麼持續下去，交不出的作業成了我們之間的難以啟齒。偶爾，她會拿了寫了三分之二的學習單給我，問我收不收？我笑著說：「我收了這樣的作業，對不起其他寫滿寫好的學生」，沒有一次收下。

她又跟其他學生不一樣，明明就腸枯思竭了，可以投機取巧加大行距與拉大字距，假裝自己信手拈來也是情真意切，而她，還是維持一貫不刻意也不矯情的字跡，永遠填不滿那僅僅只有A4大小的學習單，就這麼拖拉下去。偶爾，換我突然想看她的學習單，她翻了書包，整個家當全拿了出來才發現學習單不在，轉身又掏空了抽屜，最後在教室後面櫃子如山的雜物中找了出來，原封不動還是那三分之二。身為她的國文老師，我能回敬她的是每學期末過關的國文成績，她倒也沒有怨言。

一個等待大餅的老師

瑀柔是個老實可愛的孩子，從二〇四到三〇四，每學期聽演講前後該做的迎賓板和卡片，她比學習單投注了更多的熱情與想法。我常常覺得這些講者魅力十足，才來學校一兩個小時，卻能讓她夜以繼日地掏心掏肺。陳星合來的那一次，她焚膏繼晷做了個立體的桌曆送給星合，她看出我的羨慕，「再給我幾天時間」，畫了大餅給我，說她會做個比送給星合還要「厲害的手工禮物」給我。

「再給我幾天時間」，每一次她跟我分享她重要作品，又會重複地跟我說好幾遍。眼睛裡帶有著歉意。一轉眼，兩年過去。

畢業典禮結束，我還在清理辦公室的花束，她在畢聯會清理大型海報，要求我載她去謝師宴，一路上我們談暑假計畫，談即將到來的大學生活，她壓根沒提要送我的厲害手工禮物，我也沒提。但我記得，就像那一張張的學習單。

七月份重補修結束，她畢業了。

實現諾言的隆重時刻

瑀柔在大一上學期末的前兩週，在線上敲我：「仙女，妳腰圍多少？」

我：「我都什麼年紀了，問我這種問題太輕薄，沒禮貌，不告訴妳。」

瑀柔：「我下次回去看妳，妳穿白上衣到學校好不好，我想跟妳穿一樣顏色的衣服。」

我匆忙打了個「好」字，只想趕緊出完考題，逃脫苦難深重的出題夢魘。

期末考當天瑪柔回來學校看我，當禮物交到我手上，我的眼前下起了雨，「厲害的手工禮物」她還記得，眼前的雨下個不停，我不自然地拍著她，想掩飾這突如其來的一場大雨。

她親手縫製了灰色長裙給我，只此一家的裙子，貼身、保暖、典雅，長度到小腿肚，我很喜歡，開心地飛上了天，這十幾年來我的第一件長裙。走廊的一端，瑪柔媽媽走了過來，母女兩人說著到永樂市場買布選花色的經過，瑪柔如何跟學長姐搶著登記縫紉教室，又在期末考後趕工到凌晨三點……，**這拼勁就是高中時期做手工禮物的瑪柔，瑪柔的媽媽在女兒需要的時候，陪著她與她的興趣**。「內行看門道，外行看熱鬧。」我換上長裙，母女倆告訴我這裙子的車縫線尤其費工費時，一沒車好，前功盡棄，完美無瑕的車縫線，跟我家樓下專業修改師不分軒輊。我們穿著師生裝，一如她傳給我的訊息，白色上衣，灰色裙子。我和媽媽光明正大地碎念瑪柔，她在一旁幸福地癡笑，就像回到她高中時期親師生三人的對話。

相信就能讓天賦發光

回到辦公室，同事們對這件裙子讚嘆不已。「怎麼手藝這麼好？」「妳是對這個學生多好，她做這件裙子送妳？」我在同事的疑惑裡嚐到了當年我在星合年曆裡的羨慕。

想當年，瑪柔從低頭進導師室拿稿紙到昂首進導師室跟我道早安拿稿紙，到後來她不再遲到；從不交學習單躲我的眼神到承擔做班級手工迎賓禮物，她不擅長學習單的題目，她把她想做的事做到極致；她看我的眼神愈來愈大方，不再像是個做錯事的孩子，她說著「再給我幾天時間」，不只說給我聽，更是她對自己的叮嚀，她始終把我放心上。

同事們問我做了什麼？

相信她，肯定她，我打從心裡佩服這個孩子的手工藝創作，我不只讓她看到自己的亮點，更讓母親相信她的天賦大有可為。高中時期我跟瑪柔媽媽說：「慢慢來，我們等瑪柔。**走過高中疲勞轟炸的課業浪頭，她必定不凡。**」而今瑪柔加快腳步，自信滿滿，帶著我們的相信飛得更高。

教學的迷人之處是什麼呢？學生兌現諾言的那一刻。

仙女老師的悄悄話

★交作業是學生的責任，不應該再讓大人們為此傷神。

★身為家長的你我，是否在孩子們需要的時候，陪著他與他的興趣。

★相信他，肯定他，打從心裡佩服孩子的創作，老師們應該要做的，不只是幫助孩子看到自己的亮點，更讓家長們相信他的天賦大有可為。

學著放手也放心

以往，能讓學生做的事，我盡量不插手。今天，我設定的目標是學著陪伴，學著觀察，學著放心，發書是「繁」事，不是難事，我就靜靜地坐在教室後方。

每一回帶到高一新生，我總會思考還有哪些事可以放手讓學生一試呢？

上一屆，凱安教會我「等待，是最溫柔的對待」。新學期，我希望自己能更確實落實對孩子們的等待。

事出有因，等待契機

暑期的四天銜接課程，第三天。兩個小女生來找我。

學生：「老師，可以請妳簽教室日誌嗎？」

我：「妳負責教室日誌嗎？」

學生：「老師，妳沒有選幹部。有時候，學校有人送通知單來教室都不知道應該要給誰？」

我：「那怎麼辦呢？」

學生：「拿到的同學就會負責告訴全班，如果需要登記什麼的話，就請大家去找他。」

我：「那妳們是自願負責教室日誌？」

學生：「是啊！」

我：「我之所以沒在兩天的新生訓練選幹部，是因為同學們彼此不熟識，尷尬之餘，幹部有可能難產，也有可能國中部直升高中的同學被迫出線。銜接課程這四天，**我預計在沒有幹部的情況下，一定會有人主動跳出來做事，這些人應該就是未來幹部的合適人選。」**

這兩個小女生是欣蓉和渝方。

群龍無首，能人出線

暑期的四天銜接課程，第四天。四個學生來辦公室找我。

宇智：「老師，我們可以去搬書嗎？」他的手上拿著班上的點名條。

我：「高中跟國中不一樣，很多事情你們可以自己做得很好。請不要認為老師偷懶，我可以在辦公室等你們把書搬到教室，順便一併把書發給同學嗎？可以告訴我你的名字嗎？」

宇智：「沒問題。」

我問一旁的欣蓉和湸方，這四天班上可有負責統籌的同學？

她們指了指宇智。

靜心陪伴，放心等待

以往，**能讓學生做的事，我盡量不插手，學生才能學習更多**。但是，學生做事效率很慢，心急的我多多少少還是會情不自禁地多事，開口下指導棋，打亂學生的節奏。

今天，我設定的目標是**學著陪伴，學著觀察，學著放心**，發書是「繁」事，不是難事，我靜靜地坐在教室後方。

若婷和家寧一邊檢查書單，一邊在黑板上寫下所有課本名稱，男同學在旁邊交叉檢查。

一旁的男同學發現課本數量不對，補上缺漏的名稱，合計共四十九本課本。發書的學生們自動將多餘的課本整齊地排在窗台上，供同學們增補或替換。

宇智將一本本課本拿在手上，跟同學們核對課本，一邊說：「下一本是歷史隨身讀和年表，年表比較薄喔！」「有少，慢慢找，我等你。」當他念完第四十九本課本，全班幾乎是一致地舉起雙手鼓掌叫好。

我心想：「學生都知道要等待落後的同學們，我又何必急於催促他們呢！這樣發書也挺好的！」

我望著一旁拆開的紙箱，歷年來，書發得再好的班級，總會不小心遺忘善後工作，「等一下記得把紙箱拆開回收喔！」我忍住沒說出口。

四十九本課本核對完畢，一回頭，看著奕菩和宇智迅速地擦著黑板，我都快哭出來了，怎麼會有這麼主動的小孩啦！誰家教出來的小孩啦！這麼令人感動！

我的感動像太平洋的海浪一波接著一波。我最擔心的紙箱旁，承祐、奕菩、睿宸和威旗認真拆紙箱，細心地摺好牛皮紙，好想知道這些小孩來自什麼樣的家庭？爸爸媽媽怎麼把他們教得這麼好？我在心裡慶幸沒將「等一下記得把紙箱拆開回收喔！」說出口。

等待，果然能看到美麗的風景

怎麼可以這麼整齊？連牛皮紙全部裝進紙箱裡了。我進班上一個多小時一句話都還沒交代，學生就把該做的都做好了，做得比我想像得還要完美無暇。

我：「我剛就在想誰要來清這些東西？」

學生：「我讀到妳的心了。」

我：「那你可以告訴我你的名字嗎？表現好可以說啊！」

學生：「路加。」

我：「你們真的好棒喔！」

我站在講台上，正要向全班說第一句話。路加：「老師，妳有看到講桌上的書單嗎？那要全班簽名才可以放學。」他拿了書單讓同學們傳下去簽名。

我講的第一件事是：「教室後面的置物櫃可以放書，書可以選擇帶回家或放在學校。」

我講的第二件事是：「請將座位分成六組，開學後就是分組上課。也請同學們日後早自習和午休保持安靜。」

發書時，我問坐在後面的女生：「這些熱心服務的同學這幾天都如此？」

女生：「那是因為他們擅長的啊！」

我：「妳講得非常好。那妳也可以想想看妳擅長的是什麼？妳一定也會有表現的機會喔！」

女生：「什麼機會？」

我：「下週一我們就會選幹部和小老師了，妳可以試試看。」

十二點，路加將書單讓我簽了名，開學前的返校日完美落幕。

靜心陪伴是對孩子最大的信任，大人的心「安」了，孩子才能自在做事，不用觀察大人的臉色。大人們可以由三個面向觀察孩子的成長：

一、個人與團體的連結：坐在座位上的孩子把自己打理好，主動性強的孩子站上台為大家服務，行有餘力對他人伸出援手都能迅速融入團體。

二、個人形象的定位：願意為自己想做的事多花一點時間，多盡一份心力，這就是態度，不僅找到舞台展現自信，還能服務他人。

三、解決問題的方法：能夠因時因地抽絲剝繭解除危機，遇到突發狀況臨危不亂，或是尋求協助迎刃而解都是處理問題的好方法。

我們對孩子**不要因為過去的經驗而批評，要因為現在的認真而嘉許**。假以時日，孩子會比現在更出眾，能力俱足。

仙女老師的悄悄話

★能讓學生做的事，我盡量不插手，學生才能學習更多。我設定的目標是學著陪伴，學著觀察，學著放心。

★等待，可以看見最美麗的風景。靜心陪伴是對孩子最大的信任，大人的心「安」了，孩子才能自在做事，不用觀察大人的臉色。

★對孩子不要因為過去的經驗而批評，要因為現在的認真而嘉許。

3-12 學生報告未達教師預期，該如何化危機為轉機？

開啟師生間互相學習的契機

第一組的學生站在台前，對於同學拋出的問題無法對話。向來很會抱怨老師照本宣科的學生們，一站上台變成了自己最厭惡的那種老師，全班的時間因為他們的胡言亂語而空轉。

高三下學期的課是高中六個學期中最不好上的，一方面課文難度提高，另一方面學測考完之後，學生學習動機更加低迷，得想些方法讓學生還願意把心思放在課堂上。我想到了帶學生校外參訪的經驗，老師帶隊學生反而像無頭蒼蠅亂逛，讓學生自行規劃實查路線，學生倒能把前置作業做得像樣，與其老師一頭熱的上課，不如讓學生反客為主上台授課。

同事問我會不會擔心學生不知道怎麼教課？這麼多年來我看過社團學長姐用盡各種可能的招數與資源，使出渾身解數幫助學弟妹學習或認識社課內容。這些高二的學長姐是過來人，懂得投學弟妹所好，讓他們從一張白紙，變成一幅彩畫。因此，升上高三，這些學生大多有社團課教學或帶活動的經驗，在高三下學期上台授課的教學活動，算是總結高中三年的國文科學習。

讓學生透過小組共同合作設計課程，到上台授課，就像是高中最後一關的能力檢測：從資料查詢、整理資料、提問引導、活動規劃、簡報設計、表達溝通與同理心的展現都是課程的亮點。我唯一擔心的是學生不認真備課，誤以為上課就是聊聊天，說故事，講笑話就能輕鬆過關，誤以為演唱會只要唱兩三首歌就可以搏得滿堂彩，**天道酬勤，台上一分鐘莫不是台下十年功的耕耘**。

確實備課是合理的期待

學生自行編組，自由選擇課文，設計成四堂課的教學活動。第一組教莊子的〈庖丁解牛〉，前三堂課還能抓住課文脈絡，最後一堂課延伸到高層次的賞析時就像走味的咖啡，難以入喉。

第一組的學生站在台前，對於同學拋出的問題無法對話，回答全失了章法，台下學生們從原本配合台上同學互動，到漸漸地失去耐性，有一搭沒一搭地回應，索性自己組內低頭討論，不時回頭望牆上的時鐘，寧可看時鐘也不想看台上的同學，翻白眼、摳指甲、對看聳肩成了教室最主要的風景，台上的四個學生生硬地瞎扯，講著他們自己也聽不懂的詮釋，漏洞百出，**向來很會抱怨老師照本宣科的學生們，一站上台變成了自己最厭惡的那種老師，全班的時間因為他們的胡言亂語而空轉**。

眼看怎麼講也講不出什麼名堂了，第一組的學生玩世不恭地說著：「剩下二十分鐘就讓仙女為大家解說吧！」不重視自己為人師的角色，這就是上台的態度？

最難教的不是知識，而是態度與價值觀

事實上，第一組要上最後一堂課的前一天放學還找我討論了一個多小時，支吾其詞問了許多基本問題，這感覺不像是好學，比較像是想搭便車拷貝我的版本明天直接授課，我提醒他們要把這些問題好好想一遍，把不熟悉的部分再搞清楚，也交待了哪些地方可以找得到答案，再有不懂也可以線上問我。**唯有做足準備才不會在台上下不了台。**

當我在課堂上發現他們根本還沒搞清楚自己前一天的不懂之處，頓時怒火中燒。當台下同學聽不明白，請台上的他們多講一些具體的例子或再多做說明，他們卻回：「為什麼要為難我？」，這不是剛好承認自己準備不周嗎？

我帶著怒意不客氣地批評了十五分鐘。

「簡報怎麼出現這麼多錯字。」

「你們怎麼連自己簡報中的典故都沒有辦法好好說清楚。」

「『庖丁解牛』的象徵意義是什麼？」

「請用一個完整的例子貫串『庖丁解牛』的三個過程。」

第一組這樣只靠提問沒有解答的課堂如同災難片，一旦形成「破窗效應」[註1]，**後面各組有樣學樣，學生授課將流於形式，浪費彼此生命，班級文化難再建立。**

第一個總是具有指標作用，對於第一組的狀況處理，若能化危機為轉機，將成為可歌可泣的史詩，讓之後各組報告扭轉乾坤。

班級經營就是帶學生的心

最後五分鐘，全班學生寫下對這堂課的回饋。下課後，我邊走回辦公室邊翻看這些回饋，學生頗能看出第一組上課的優缺點，深得我心，直言或迂迴的寫出別人的缺失也是絕佳的學習。

子瀚的回饋讓我停下了腳步，他寫著：「仙女，我覺得妳剛剛那樣真的不太好，我知道妳想要他們用一個例子來貫穿全文，但應該先等他們講完，再提出自己的論點，畢竟他們也是第一組上課的嘛！」**老師讓學生尊敬是因為勇於面對問題的態度，不是因為老師這個稱謂。與其把學生變成我們想要的模樣，不如設法激發出他們有的！**子瀚的話使我「聞過則喜」。

解決事情前，先解決心情

午休時，第一組學生到我辦公室討論一張張地不具名的回饋單，先寫優點再寫缺點的回饋單，張張缺點多過於優點。

「聽不懂舉的例子跟課文有什麼關係。」

「感覺不到你們花了時間準備。」

「四個人同時站在台上很擠。」

「建議說故事不要看著稿子念。」

「簡報字太多，像仙女的簡報列出重點就好。」

有些回饋單話說得絕，這讓我覺得我把手放得太快，害第一組的學生當眾出糗，不像一個老師應有的作為。

我私下對第一組學生表達歉意，也在第二天的課堂對全班坦承第一組的失誤我也有責任。大家一定很好奇：我怎麼知道前面那張學習單是子瀚寫的？國文老師當久了，學生作業改多了，光看字跡或是行文的語氣就知道出自於何人之手。

兩天後，瑢紘在我桌上放了字條。「最傷我的，我想是仙女。在大家面前用力斥責我們，沒有台階可以下，自尊心也不允許我逃避，被否定的我想了徹夜的解釋方法……。到了星期二，仙女重新講了〈庖丁解牛〉，隨著講解，我又想哭了，但這次卻是全然不同的感覺，似乎一切都有了回報，雖然愛面子假裝無所謂，但生仙女氣的想法，早已蕩然無存，原來我想要的，自始至終都只是被肯定罷了。」

與學生溝通，不能單靠威權和命令，師生標準齊一，**當老師在同一處失準，不迴避問題，以律他的標準律己，才能讓學生心服口服。**

開誠布公面對問題化解危機

讓學生報告比我自己教課還累，卻也是讓學生進步最多的方法。接下來要報告的各組都已經提早跟我預約課程的討論，**化責備的危機為當責的轉機有三大動力：**

一、對事不對人，不做人身攻擊。

二、明確讓學生知道哪裡可以做得更好。

三、教師回應學生指正，不以權威自居。

班級經營上，**「事有原則就得堅持，人有情緒就得柔軟」。難就難在「用心」**

要能被學生感受到。

仙女老師的悄悄話

★最難教的不是知識，而是態度與價值觀。

★老師讓學生尊敬是因為勇於面對問題的態度，不是因為老師這個稱謂。與其把學生變成我們想要的模樣，不如設法激發出他們有的！

★與學生溝通，不能單靠威權和命令，師生標準齊一，當老師在同一處失準，不迴避問題，以律他的標準律己，才能讓學生心服口服。

註釋

1 心理學的研究上有個現象叫做「破窗效應」，是指如果一個房子窗戶破了，沒有人去修補，隔不久，其它的窗戶也會莫名其妙的被人打破，久而久之，這些破窗戶就給人造成一種無序的感覺。

勇於突破，看見不一樣的景色

這是一個打破班上長期以來制度的願望；這是一個可以直接以導師權威拒絕的願望。但我愛極了這個願望，我想的是如何能讓這個偉大的願望更美好，更具影響力？

這是我任課班級的福利，壽星可以在國文課許願。

小老師會提醒我在國文課預留時間讓全班為壽星唱生日快樂歌，一次中文，一次英文。一般來講，第四堂課慶生的效果最好，最HIGH，氣氛最歡樂，壽星站在講台上接受全班的祝福，直到歌聲結束，才是壽星個人時間，鎂光燈全投射在他身上，許一個生日願望。

只要學生說得出口的願望，不違法亂紀，我都會盡可能地滿足他們，沒有一次例外。

他們的願望簡單而容易實現：

第一型、造福萬民：今天不考試、今天不要寫學習單等，全班鼓掌叫好。

第二型、個別需求：准許補交作業一次，小組成績加一百分等等。前者，學生知道破例不易，日後多半會準時繳交作業；後者，同學也不會抱怨，因為人人都有這一天。

第三型、學期導向：這學期國文不要被當。這可不是馬上就允諾期末一定及格，而是我得時時留意他的學習狀況，時時提醒他有可能被當的危險，就像土石流的紅色警戒。以學習單為例：寫得差強人意，一定馬上問看不看得懂題目？確定學生具備審題能力，再教該如何立意取材與舉例，拿回去重寫，我再改第二次。以期接下來每一張都能找到書寫的要點與技巧。

我一直期望有個學生可以許個特別的願望。

許願初衷，心想事成

九月二十七日是愉恩生日，他讓我永遠記得他的生日。

高三學測逼得人喘不過氣來，班上生日快樂歌愈唱愈慢，大部分壽星的願望與以往大致相同。生日快樂歌唱完了，全班轉頭望著坐在最後一排的愉恩。

愉恩：「還沒想到，下課前再許願。」

他總是跟其他人不一樣，很有自己的想法。

下課前，我問愉恩：「要許願嗎？」

愉恩：「希望我們班能跟其他班級一樣，七點四十分才算遲到。」

愉恩應該想過我不會輕易答應這個願望，但我仍願意聽他說，靜靜地聽他說。

七點三十分到校是我們班的「傳統」，家長們也都支持早自習提早十分鐘到校的「美意」。

這是一個**膽大妄為的願望**。

這是一個**打破班上長期以來制度的願望**。

這是一個**全班心嚮往之卻難於啟齒的願望**。

這是一個**可以直接以導師權威拒絕的願望**。

我想成全他的願望，從來沒有過這麼特別的願望，我愛極了這個願望。

我想的是**如何能讓這個偉大的願望更美好，更具影響力？**

萬事具備，只欠東風

我轉頭看著經常遲到的晟鈺，讓晟鈺決定這願望是否能成真？

我：「如果晟鈺能不遲到，如果他能準時上學，如果他此後再累再忙都記得來學校，這願望即刻生效。倘若，某一天，他遲到了，這願望就會像灰姑娘的馬車化為烏有。」

晟鈺沒有一秒的猶豫，回答鏗鏘有力：「不可能」。

全班巴巴地望著他，他堅毅不為所動，揚起下巴說：「不可能」。

沒有人關心我是否在場，全班無所不用其極地說服晟鈺。

「我每天打電話叫你起床。」「我聽不到。」

「我從六點打電話叫你起床，叫到你接電話為止。」「我都很晚睡啦。」

「我每天叫你早點睡。」「我很晚回家。」

「那你想要什麼？你說嘛！」「你們很煩耶。愉恩你許這個什麼願望啦！仙女喔！」

「你只要一天不遲到就好了，讓我們至少有一天可以晚一點上學。」「不可能的啦！」

全班此起彼落地遊說晟鈺，有撒嬌，有哀求，也有威逼，承諾一定會幫助他不賴床、不遲到，巴望他點頭。

晟鈺背負著全班的渴望，無奈地答應了。

他喊著：「仙女都是妳害我的。」全班都知道我最愛他。

學生們歡聲雷動，就像突然撿到的颱風假一樣，喜出望外。

我爽快的答應了愉恩的生日願望，也祝愉恩生日快樂。這一天我們都很快樂，除了晟鈺以外。

實現願望，何妨利他

只要班上有人過生日，總是會有人偷偷的告訴我，今天的壽星是誰？即使上課到一半，學生擔心我上課過於忘我，還是有人會在我說話的空檔小小聲的叮嚀我，別忘了唱生日快樂歌。

我們把每個人的生日當一回事，一起唱歌，一起祝福，用許願跟班上的每一個人分享來到這世上的喜悅。就像前一天生日的阿湯，他的願望是希望我別處罰忘了帶板擦的愉恩，我們總是能關心別人，不會認為為了別人許願是一種浪費。

孩子們總是說：「大人不懂我們。」確實如此。**你想要的，不是大人們不肯給你。是你連嘗試說出口的勇氣都沒有，自己在內心選擇否定的答案，大人們又如何聽得到你的聲音呢？**愉恩，說出口了。

驗收願望，美夢成真

九月二十七日之後，愉恩生日的隔天，三〇一的同學們同舟共濟地把叫醒晟鈺都當成了自己的使命，不再單單是導師的責任。每天全班關心著晟鈺會不會準時來上學？高三了，三〇一全班更有溫度，更有向心力，除了學測，我們還關心著同一件事。

晟鈺如果早一點到學校，會貼心幫我帶一杯豆漿，說：「仙女，妳今天竟然比我還晚。」

大部分時候，晟鈺在分針快指向八時才氣喘吁吁地衝進教室，全班喜上眉梢。那陣子，學生們看到我就說，早上這十分鐘帶給他們多大的好處。我懂。學生們在學習單上寫下這十分鐘讓他們感受到自由的可貴。我懂。曼妃特地跑來跟我說，這多餘的十分鐘她可以從前門買喜歡吃的早餐，不用急急忙忙趕時間，每天只能吃一成不變的7-11早餐。我懂。

晟鈺維持了四十二天不遲到的記錄，將近兩個月沒有缺曠課，史無前例。

破鏡難圓，重新啟程

四十二天之後，晟鈺遲到了。

他照例寫了一張滿滿的Ａ４紙給我：「我終於失敗了，當初仙女訂下這條遊戲規則，我就知道我遲早得寫下這篇作文，因為這根本是個無法破關的遊戲，就好像在玩小朋友下樓梯或貪吃蛇遊戲一樣，只不過在比誰活得比較久。而且我只有一條命，不像馬利歐還有香菇可以吃，我一度認為我已做好萬全的應戰準備。……雖然沒有人當面怪我，甚至有些同學還幫我說話，讓我自己有種敗北的失落感。……我終於體會到為什麼一個人不能流芳百世，就會想要遺臭萬年的心情。」

這一張Ａ４紙、學生們學習單上的心聲、曼妃的話，我都印在心上。

這天之後，我們將七點四十分上學視為班上的「規矩」。

學生總會謝謝我的「德政」，我說該謝謝愉恩和晟鈺才是。

大人們總是說：「孩子求新求變。」。時代一年比一年進步，３Ｃ產品一年比一年推陳出新，**當孩子開口願意挑戰制度，其實是向自己宣戰，不妨成全他們願意**

嘗試的決心。晟鈺，努力過了。

仙女老師的悄悄話

★我們把每個人的生日當一回事，用許願跟班上的每一個人分享來到這世上的喜悅。我們總是能關心別人，不會認為為了別人許願是一種浪費。

★孩子們總是說：「大人不懂我們。」確實如此。你想要的，不是大人們不肯給你。是你連嘗試說出口的勇氣都沒有，自己在內心選擇否定的答案，大人們又如何聽得到你的聲音呢？

★當孩子開口願意挑戰制度，其實是向自己宣戰，不妨成全他們願意嘗試的決心。

4 讓我們一起發現孩子的天賦

無論家長或是老師，內心都是希望與孩子拉近距離，希望孩子可以敞開心門，建立良好的溝通橋樑。

於我而言，我覺得每個學生都有自己的樣子，我也樂於接受他們現在的樣子，也喜歡他們現在的樣子。師長的天賦就是認同孩子的天賦，我希望與家長一起幫助孩子成為他自己，成就自己的人生。

找出關鍵密碼，成功地扭轉學生的學習

唯滋高二時，我是她的國文老師，她那時坐在教室的中間，上課不太起勁，沒什麼動力，臉很臭、雙眼無神，我想她不喜歡國文課。

國文課下課，唯滋走到講台前：「仙女，我可以跟妳去演講嗎？」從來沒有學生這麼問過我，我想知道她的想法：「為什麼想跟我去演講？」唯滋：「我繁星有學校之後，就沒有什麼目標了，很無聊。」

天下沒有白吃的午餐，沒有白聽的演講，**有實質的付出才有實質的進帳**，我提出了四點要求，希望唯滋好好想過後，再告訴我。

一、父母親同意，向導師請事假。

二、誠實告知導師，准予事假。

三、做簡報，發表十分鐘短講。

四、演講後，要記錄心得與反省。

唯滋胸有成竹說：「沒問題。」

突破以往的學習方式

唯滋高二時，我是她的國文老師，她那時坐在教室的中間，上課不太起勁，沒什麼動力，臉很臭、雙眼無神，我想她不喜歡國文課。要從長久習慣了的講述法，變成忙東忙西的思考答題，她顯然還不適應，她顯然需要長時間的調適。

我自己則是不能接受學生坐在台下沒互動、不動腦、嗷嗷待哺的樣子。以我帶班的經驗來說，高二才帶的新班級短則需兩個月的適應期，長則上學期都處於磨合期，學生抵死不從的認為不配合就能讓老師屈服，還原成排排坐的聽課模式，消極得像跟自己嘔氣，只想停留在舒適圈的學生等到學期末拿到成績單的那一刻，透過分數的考核，才知道我在國文課的紀律都是玩真的。當然，也有許多學生覺得這種有別於以往的國文課上起來挺開心的。不過，我讀不到唯滋的喜悅。

唯滋很在意分組報告，高二上學期「PBL」計畫[註1]，高二下學期「行銷台北」，**分組報告處理的不只是課業問題，更多的是期程的安排、任務的指派、最難解的人事紛擾**。她曾經找過我埋怨同學事不關己的冷漠，擺平異議份子，也是分組報告的必經痛處，讓報告既分工又合作，這工作費時又費力，弄不好兩面不是人。最終她索性一肩扛起報告的重擔，不需要看其他同學愛理不理的臉色，獨立完成。最終的目的就是希望國文能夠不要被當，但求六十分。她在意的是分數，不是報告。

不知怎麼的？唯滋應該愛上國文課了，我看著她上課從坐姿到起身跟同學討論，舉板拚了命的爭先恐後，**從小我到群體，從獨善其身到團隊合作成己利他，從端著架子到笑顏逐開，唯滋融入在課堂中學得知識以外的能力，甚至表達技巧更勝以往。**

校外報告一鳴驚人

第一次我帶唯滋到北士商的教師研習，這是一個促進高職老師教學策略設計的六小時工作坊。事前，她特地設計問卷，採訪她在不同高職的同學們國文課上課的方式，各種答案如雨後春筍冒了出來，她以學生的角度分析國文科學習的不同面向，席間好多老師拿起手機拍下她的投影片。十五分鐘的短講唯滋講了半小時，她自己不是很滿意這樣的表現，內容需再剪裁。

她觀察到三個重點：

一、「一整天從上午九點到下午快四點的演講，我只能說，仙女真的很了不起！怎麼將原本被逼來的老師也能認真聽課？怎麼讓全程不會冷場？怎麼讓自己的理念讓別人接受？怎麼將教學生的方式原汁原味讓其他老師們理解？」讓老師們放下手機靠的是學習氛圍的形成、縝密的活動設計，與臨場的應變能力，不是只有提問而已。

二、「在學校，老師們總告訴學生：『**要勇於發表！**』但在研習中我卻看到，其實老師們自己也不太有意願上台，也還是會有人不斷推托。如果連老師自己都做不到，又憑什麼要求學生做到？而在這方面，仙女說服學生去做的方式就是自己先做一遍。」以身作則才是鐵證，說服力無庸置疑。

三、「看到仙女拿之前對我們上課的方式，讓老師們回答和思考，看到其實我們這些經過仙女兩年訓練的學生，在對於題目的靈敏度和創意也不輸其他老師們，看到有些組的老師們在回答時遲遲不動筆，心裡也會很慌，很想上前提示或幫助他們。」**能力是訓練出來的，將一件小事重複不斷的做到極致，就是專業**。唯滋從老師們答題悟出了這個道理。

第二次我帶唯滋到金甌商職，這是個跨領域的兩小時演講，我希望唯滋能更精確地掌握十五分鐘的上台時間，**她不再侷限只站在講台上，她懂得往前跨一步縮短與觀眾的距離**，成功地挑戰自己，在時間內達標，為自己贏得老師們的掌聲。她也帶了親手做的巧克力與老師們分享，老師們稱美她的簡報內容，巧克力也一掃而空，這是場大家嘴裡甜、心裡更甜的成功演講。

唯滋的改變超乎我預期。除了演講之外，畢業前夕，我讓她協助「萬芳新四力」跨班選修課程的活動規劃，簡報已經是她必備的利器，她要煩惱的事更多了，設計學習單、召集同學當助教、激發學弟妹的企圖心、準備獎品、撰寫心得，親力親為。她和家政、生物、物理、國文四個學科五位老師，從校園發想到走出教室攀登七星山，我們對她只有讚美。這一天她臉書上寫著：「雖然這次整個活動很倉促，而且接近段考，但我沒有差啦！**能夠成功完成一項活動，那種成就感比成績更重要！**」

陳唯滋，十八歲，高中教育就應該教出這樣的孩子。

唯滋的關鍵密碼是熱舞社

我的學生上課遲到要回答三個問題才可以坐下，我雖認同學生參與社團，卻不認為學生該在國文課處理社團事務。唯滋曾經傳了封訊息給我：「我記得仙女某天，發現我很重視熱舞社的事，第八節准我去社團，其實那時候我就開始覺得妳人還不錯。」

我：「我人本來就很好啊！」

唯滋：「可是仙女准我去社團的事情，讓我開始感覺到妳有在關心我。然後到高三，沒玩社團就只能讀書，越來越熟悉，越來越願意參與國文課，到繁星放榜後，時間變多了，我注意到的不再只是成績，才發現，**原來我也可以從當初「PBL」完全是字的簡報，變成簡明扼要的圖片**。有時候想一想，很驚訝自己會在高三下一個學期內改變那麼多，但其實不是。這些技能都是平時國文課，仙女出的每樣作業要我們學的，當時可能我敷衍，但都有完成，所以該學的應該也沒少拿，才能在現在展現出來。」

我在臉書上感動於唯滋身為熱舞社社長，長期對社團投注許多心力與熱情。她一開口，我馬上應允。**解開唯滋的關鍵密碼，是我讓她在國文課去熱舞社幫忙十分鐘**。這區區十分鐘成就了日後國文課積極進取的唯滋。

畢業典禮那一天，唯滋的母親向我當面道謝，我想最該感謝的是唯滋，她讓我們相信學習動機是發自內心的能量，不假外求的。

找出學生的關鍵密碼能夠幫助學生有效學習的方法就是「在意學生的在意，學生就會在意老師的在意」。

仙女老師的悄悄話

★天下沒有白吃的午餐，沒有白聽的演講，有實質的付出才有實質的進帳。

★說服學生去做的方式就是自己先做一遍。以身作則才是鐵證，說服力無庸置疑。

★能力是訓練出來的，將一件小事重複不斷的做到極致，就是專業。

★學習動機是發自內心的能量，不假外求的。

★老師在意學生的在意，學生就會在意老師的在意。

註釋

◀1　PBL為問題導向學習（Problem-based learning）係指教師在教學過程中，以實務問題為核心，鼓勵學生進行小組討論，以培養學生主動學習、批判思考和問題解決能力。

看見孩子生活中節節逼近的「灰犀牛」

小玲因為在學校與同儕不熟，沒有知心的朋友，不想來上學，害怕上學，甚至想要自殺。灰犀牛一步步逼近，逃避與否認再也無用。還好，小玲媽媽想到了我。

跟好友美芳相約喝下午茶，美芳提到最近小孩的學習狀況，她說：「老師之前打電話給我，說我兒子在學校看起來心情不好。我兒子說『還好吧！只是不想笑而已。』你們當老師的也太大驚小怪了吧！」

我：「妳覺得老師打這通電話多此一舉？」

美芳：「對啊！這根本是貼標籤。」

就我的觀察，老師除了忙碌的教學工作，輔導學生也佔了許多時間。老師在上班時間撥冗打電話給家長，或者下班找時間盡快讓家長了解孩子在校狀況，**最主要的原因是看到了孩子的異常；孩子跟平日不同；跟其他的孩子不同；這通電話若是貼標籤，貼的也是請家長多留意孩子的標籤。**

你看到「灰犀牛」了嗎？

在《灰犀牛》這本書中提到：「灰犀牛」是既存的威脅，顯而易見，卻視而不見。舉凡金融危機、氣候變遷、個人生活上的小問題等，都可能是最後帶來重大後果或影響的「灰犀牛」。

在校園中，隨處可見到「灰犀牛」的蹤影：如果家長在孩子成長無法感受孩子些微的變化，可以聽聽看校園裡的聲音。

小琪：「仙女，小明是過動症？」「他跟我弟弟一樣啊！都隨便亂拿別人的東西，明明大家都看到了還不承認。還有……。」

小華：「仙女，小花每天都戴口罩？」「他應該很沒自信，他沒有感冒，也沒有過敏，每天都戴口罩。還有……。」

灰犀牛讓我們知道，我們是有能力應變的。老師的來電正是家長應變能力的推展，先別急著否定，先聽再觀察：留意孩子情緒反應，與孩子聊聊學校的事，聽聽孩子心裡想說的話，陪孩子找到學習動機，就能避免灰犀牛猛烈的衝撞，危急時刻或許還能挽救一條年輕的生命。

我擔心老師會對我的孩子貼標籤

小玲常常請假，母親傳來的訊息都是「小玲身體不舒服」。教學多年這是最不費唇舌的告知，電話匆匆掛掉，連關心都來不及。她缺課的比率愈來愈高，到學校刷個存在感，靜靜坐在位置上，沒幾天又缺席了。

高一下學期，小玲的母親打電話給我，要我別告訴小玲。她說：「小玲因為在學校沒有知心的朋友，不想來上學。害怕上學，甚至想要自殺。」

小玲母親：「這種狀況持續一兩個星期了，我已經沒有辦法安撫她了。我自己也要上班，不太可能一直在家裡陪她。」「老師，妳可以不要告訴她我來找妳嗎？」我的情緒跟著起伏：「媽媽，我之前問過您，您之前怎麼不說呢？我可以做什麼？」

小玲母親：「**我怕老師對小玲貼標籤，我想我自己可以處理，哪裡知道變得這麼嚴重。**」又說了一次「老師，妳可以不要告訴她我來找妳嗎？」

貼標籤？**在老師不知情的情況下，第一個發現問題的是誰？是誰先替孩子貼上了標籤？是誰明知問題的存在又視而不見呢？**灰犀牛一步步逼近，逃避與否認再也無用。還好，小玲媽媽想到了我。

行動才能去除標籤，否認只是強化標籤

小玲母親找我的隔天，我們親師生三人花了一上午面對面聊開了，要解決小

玲人際的問題，她得先每天來上學，讓班上同學先感受到她的存在，母女都願意踏出這一步。母親讓我知道更多家裡的狀況，三代同堂的家庭，母親經常得到對岸工作，就剩下小玲與外婆在台灣，母親放心地把小玲的心事讓我知道，小玲也試著不再透過母親轉達，親口跟我說她想跟我說的事。

軍歌比賽前，小玲寫了一封信給我：「仙女，因為我一時錯誤的觀念，還讓妳特別調教我。謝謝妳的幫助，幫了我和媽媽一個大忙，雖然我現在還是有點害怕，但，至少我覺得上學不再是恐怖的事了。……」此時此刻，「灰犀牛」已經開始往後退了。

五月初，我將范仲淹〈岳陽樓記〉結合生命教育，設計了全班性的輔導活動，那堂課我想讓小玲體會生命因為挫折而發光，我告訴她這堂課是送給她來上學的禮物。母親節，小玲送我母親卡，祝我母親節快樂。「灰犀牛」退到視線之外。

六月底，小玲寫了信給我，「就要分班了，在不知道分組名單的時候有些許的不捨。但星期四早上得知高二會被仙女教到，心裡有點驚，有點喜，不知道是仙女安排的？還是命中注定的？上了高二又是新的開始，我會努力達到仙女的期許，讓自己更有自信……。」

我帶了小玲三年，高二她重新開始，努力地經營自己，走廊上我們稀鬆平常的打招呼，下課時，看著小玲有了自己的朋友，擺脫了高一的陰霾，她不再是我刻意關心的焦點。「灰犀牛」走得遠遠了。

高三畢業典禮，小玲以〈岳陽樓記〉為主題畫了張畫送我，「而或長煙一空，皓月千里。浮光躍金，靜影沉璧。漁歌互答，此樂何極。」昔日的烏雲如煙一空。

美芳：「**貼標籤是提醒家長灰犀牛靠近了嗎？**」

我：「妳終於懂囉！妳平常帶兩個小孩就叫苦連天了。一個老師要帶三四十個學生，只是想提醒家長應該多注意孩子的狀況！以後妳可別再認為老師打電話給妳是吃飽太閒啊！」

仙女老師的悄悄話

★「灰犀牛」是既存的威脅，顯而易見，卻視而不見。

★灰犀牛則讓我們知道，我們是有能力應變的。老師的來電正是家長應變能力的推展，先別急著否定，先聽再觀察。

3

以行動取代反覆抱怨

孩子，人生本來就不公平！

學生們認為只要用公平與否定義問題就能解決問題。「公平」的假性價值觀橫亙在他們心上，心委屈了，做什麼事就覺得卡卡的，都是別人的錯，無法給自己多一點動力加碼，讓自己持續前進。

平平：「媽媽，我覺得學校不公平耶！我們很認真教室佈置，學校說做不好的話，就要處罰學藝股長，明明就是那些男生沒做事，為什麼要處罰學藝股長？」

我回了平平：「**人生本來就是不公平啊！**」我泡咖啡的手也因此停了下來，轉身看著她，「媽媽剛懷你們的時候好高興喔！沒想到懷孕狀況很多，一個星期跑急診室的天數比上班還多，媽媽都這麼小心翼翼了，你們還是早產。媽媽那時候常常哭，但是就算抱怨老天不公平，為什麼讓我的小孩行動不方便？你和安安也不會變得更好啊！媽媽人生最沒有遺憾的事，就是很認真的幫你們復健，人家說哪位醫生很好，我們就去；哪種治療有效，我們就試，你和安安進步一點點都會讓媽媽很有成就感，你會不會覺得**行動力比抱怨人生不公平更有建設性？**」我抱了抱平平。

我問平平：「你喜歡教室佈置嗎？」

平平：「喜歡啊！」

我：「喜歡就多做一點，既然都交託你們去做了，你們一定心裡有很多企畫，剛好把這些想法實現出來，把教室設計成自己想要的樣子，不是很好嗎？既然盡力，學藝股長也不會被記警告了。況且記警告記的是存有亂做一通心態的人，你也不是那種人啊！如果是男生不做事，讓你心裡不舒服，就去跟老師說，讓老師處理。但是，也不用奢望男生會做多好，被逼來做的，可能不會像你用盡全力喔！」

我希望平平**遇到「不公平」繼之而起的是尋求改變的行動，而不只有是情緒的發洩，就讓事情隨時間消逝過去了**。

說真話的勇氣

鈺雯大一時傳了訊息給我：「仙女，不公平啦！大學怎麼沒有遇到像妳這樣的老師啦！我今天早上八點上國文，超無聊的。好想要妳來上課喔！雖然老師人很好和藹可親，但就是沒有妳上的那麼活潑有趣。今天差點就睡死在教室裡。我把妳之前被採訪的影片傳給老師看，希望她能做點變化。」

我：「鈺雯啊！那個老師會很想打妳吧！」

鈺雯：「才不會咧！她自己說有想要什麼上課方式可以說，她還講到自己嘗試翻轉教室，但沒有成功。所以，我不知道問題出在哪？她今天講完之後，我覺得很可憐，雖然這樣講好像不對，可是她不是沒試過，是一個有積極心的老師啦！」

我教了鈺雯三年，她有話直說，在一個師生彼此都不滿意的課堂裡，**老師說出了自己的教學困境，學生提供了教學的模板，在對話中找到改變的方向，如果他們持續展開改變的行動，教學和學習就有可能柳暗花明，絕處逢生。**

抱怨讓好事蒙紗蒙塵

今年又帶高一，我最常對學生講的話就是「你們的想法可以正面一點嗎？」「你們的負面用語怎麼這麼多？為什麼才十五、六歲就有這麼多負能量？」

當國文小老師把電腦拿進教室，圖書股長站在黑板左邊接上所有連接線，我聽到這樣的聲音：「好可憐喔，還要幫仙女接投影機。」我總會說：「哇！圖書股長好棒喔！全班只有你會這個技能，如果沒有你，今天上課肯定會少了點色彩。」在高中就知道**把握機會成為團體中無可取代的人才，進入職場就不會是耗材。**

當上課鐘響沒多久，還在走廊上的我，聽到教室裡拖著桌椅的嘈雜聲音，混合著：「X！上課還要搬桌椅，下課也要搬桌椅，她怎麼不自己來搬搬看？麻煩死了。」我總會說：「你們知道為什麼這麼多課堂分組討論，有的課堂討論熱切，有的課堂就是從頭到尾冷場嗎？**空間影響行為，唯有拉近外在距離，心才有辦法更加靠近，才願意四目相接，才願意傾聽低語，才能真正做到有效率的溝通與交流。**」

我習慣在每週五將下週的進度表公告給學生，上面清楚地寫著每天上課的內容，請學生預習課文的段落、查詢相關資料或者預告上台報告的時間。我總會聽到這樣的聲音：「X！國文課還要預習，別班都不用預習，我預習了，那還要老師做什麼？」我總會說：「你想想看班上哪一堂課全班沒有人睡覺？你可以想想看國文課跟其他課的差別？你可以注意仙女用了哪些方法讓你們面對文言文仍然能活力充沛。**谷歌大神教你知識，仙女幫你找回失去已久的學習動機，老師是有溫度的。**」

當我拿著學習單正要發給學生，就會聽到這樣的聲音：「X！學習單題目才幾行，空白這麼多，卻要我們寫滿，誰有辦法寫這麼多啦！」我總會說：「你看過仙女一上課就發學習單嗎？那時候肯定怨聲載道。五十分鐘的課程設計包含了如何發學習單的步驟，從文本串連故事再連結到學習單，趁你們回味故事精髓之際，引發好奇心發下學習單，**你們看出時程安排的優先順序嗎？你們學到了好好說故事的方法嗎？**」

學生們每天X聲連連，狀況解除了嗎？他們認為只要用公平與否定義問題就能解決問題。輕鬆簡單的叫做公平，難題關卡就是不公平；心甘情願叫做公平，委以重任就是不公平；**「公平」的假性價值觀橫亙在孩子的心上，心委屈了，做什麼事就覺得卡卡的，都是別人的錯，無法給自己多一點動力加碼讓自己前進。**

就算身處逆境也要為所當為

韓愈五十二歲那年曾寫了《諫迎佛骨表》表達反佛立場。「佛骨」是釋迦牟尼的指骨，唐憲宗迎佛骨入宮供養三天，韓愈反對崇拜佛骨熱潮下的上行下效，上奏列舉歷朝信奉佛教的皇帝國祚都不長，而且「事佛求福，乃更得禍」，因此惹來殺頭之罪，所幸大臣賴裴度上奏力保，才免除一死，被貶謫到潮州。遠貶潮州的韓愈有沒有罵「X」？我不知道。

韓愈用心治民興學、藉以工抵債釋放奴婢，甚至寫了〈祭鱷魚文〉，往河裏扔了一豬一羊，創造鱷魚絕跡的美麗神話。抱怨如何成事？**抱怨像八卦，講的時候眉飛色舞，講完之後於事無補。**古往今來共通的生命情感哪裡只有韓愈一人呢？

當孩子指責埋怨時，大人們可以帶著孩子做這三件事：

一、拋棄力求公平的偏頗價值觀。

二、找出事物本質的特點與價值。

三、捲起袖子行動取代反覆抱怨。

家長與師長是孩子的鏡子，揭開抱怨的面紗，用快樂的心看待我們眼前的事，就會願意多付出，我們的孩子才能心存感激開始美好的一天。

仙女老師的悄悄話

★行動力比抱怨人生不公平更有建設性。遇到「不公平」繼之而起的是尋求改變的行動，而不是情緒的發洩就讓事情隨時間消逝過去了。

★抱怨如何成事？抱怨像八卦，講的時候眉飛色舞，講完之後於事無補。

為什麼孩子變成了他們不喜歡的那種大人

前一天還為水電工平反的學生們，後一天超現實地成為自己最不想成為的那種大人，不是說好了要「尊重專業」嗎？事隔不到二十四小時，全變了樣。

「老師，您認得我嗎？」一〇五年九月十一日，結束TedxTaipei的演說後，四、五個年輕人出現在我面前。

感覺上是很久很久以前教過的學生，我看著眼前的年輕人，回溯著他青少年時期可能的長相與體型。「均讓」，不到三十秒我叫出他的名字。他身旁的朋友用力地推著他，像開紅盤興奮不已，他們可能打賭我會嗯嗯啊啊叫不出眼前這孩子的名字吧！均讓是我十四年前的學生。

久別重逢，均讓興奮地跟我說：「前一陣子搬家，整理國中的作業。老師您每篇都會給我一、兩百字的回饋，結尾都會加上『喔！』鼓勵我。我現在在職場上留話給對方都會記得加語助詞，免得像發號司令。」我是均讓國一、二的導師，他是個很熱心的孩子，嗓門很大，像個將軍一樣，我在改他作業時多了這些語氣詞，確實希望他能夠在說話上藉由這些詞，緩和一下指揮官的口氣，十多年了，他讓我知道**評語的示範，也帶有潛移默化的功能**。

教均讓的第二年，是我教學生涯中極度難堪的一年，我在學期中遭學校撤換導師一職，我不知道什麼原因緊急得要在學期中做出這樣教學上的調整，這在私立學校司空見慣的事，讓我萌生退意，想轉換跑道重新當個程式設計師。本來對我的存在視若無睹的學生，趾高氣昂的走過我身旁，鄙夷地看著我。那時候，我似乎得了被害妄想症。**到底是該教育學生、討好學生還是明哲保身？**所幸，有些可愛的孩子，即使我不再任教他們班，看到我始終都說「老師好」。僅僅三個字，是那時最強大的支柱，均讓就是其中一個。

均讓想說的與我想說的不同。十多年了，我們坐在會場像講古一樣講起了古老的故事：「當年，我被換下導師職務，從原本坐在教室後方的導師位置搬到專任老師辦公室，班上很多學生看我的眼光像陌生人，彷彿我們從來沒有在同一間教室過，從來沒有任何的交集。你在我離職前特別送我一張卡片，十四歲的學生寫著『老師妳是我最喜歡的老師，妳要加油。』那張卡片對我別具意義，你是個很不一樣的孩子。」我親口對均讓說出了我的感謝。

我不想追憶那段教學上的難捱，但與均讓的相遇讓我被迫回想起那段往事，謝謝均讓讓我知道我對一個孩子的影響，沖淡了回憶的殘酷，讓我回想起我自己國文教學的初衷。

以終為始為上策

實習老師經常問我：「國文教學是生命教育重要，還是教會學生翻譯重要？」我：「以終為始。你期望畢業十年後學生記得的是什麼？翻譯還是文本中生命的價值？」

「以終為始」：「終」是結果，是目標。而「始」就是開始、就是現在正在做的事。「以終為始」正是清楚地以結果為目標，來決定現在要做的每一件事。有了目標就有夢想，這個夢想便會逐日逐月逐年地具體化，遇到挫折也不放棄，讓信念成為強而有力的後盾。

現在的高中課本都附有號稱隨身讀的翻譯本，只有課本的一半，輕薄短小，方便攜帶，大部分學生光看白話翻譯就了解課文在說什麼，隨身讀一合起來，往往似懂非懂，如入五里霧中。老師固然會講解翻譯的重點與技巧，然而，**學生願不願意花心思去理解與記憶，這是學生的責任。老師應該有更重要的使命，帶著學生看到文本當中每一個不同生命的格調與存在。**

打臉自己不意外

星期二，我們上著韓愈的〈師說〉，「位卑則足羞，官盛則近諛」意即（師事地位低下的人，被視為一種恥辱，師事地位高尚的人，又被看成諂媚。）學生一面倒的鄙夷對長官逢迎拍馬的求教態度，無不拿出久違的正義感，大聲地幫清道婦、水電工、又或者是建築工人伸張正義，把社會對這些職業的虧欠藉由一句句的慷慨陳詞加倍奉還給他們，學生講得頭頭是道的：「台灣就是不專重專業。」尊重專業自會珍視各行各業，無貴賤之別的看待每一個不同的職業，我何其有幸教到一群這麼有見解的孩子。

星期三，我以班上學生舉例，小加高中畢業後，覺得與其有個大學文憑，不如一技在身來得實在，於是，放棄就讀大學的機會，遍尋名師，才短短三年，成為一名出色的水電技師，全班靜靜地聽著；反觀承祐高中畢業後考上台大醫學系，成為台大醫院的醫生，全班「哇！哇！哇！」的驚嘆聲不絕於耳，還有幾個瘋狂的學生拚命鼓掌，我狐疑的問學生：「怎麼差別這麼大？為什麼專業的小加沒有掌聲呢？」學生回我：「台大耶！」前一天還為水電工平反的學生們，後一天超現實地成為自己最不想成為的那種大人，不是說好了要「尊重專業」嗎？事隔不到二十四小時，全變了樣。

一千多年前，韓愈提出「術業有專攻」，如今，台灣社會仍是學歷掛帥。**教翻譯，背翻譯，知易；教觀念，用觀念，行難**。十年後，小加修馬桶，抓漏、室內配線、工業配線的本領在身，這些在座的同學們會為他喝采嗎？我會驕傲地說小加是我的學生，我相信「術業有專攻」，古今皆然。

為什麼我們的孩子變成了他們不想成為的那種大人：

一、課本觀念與現實生活無法印證。

二、大人說一套做一套：眼前說尊重，轉身就批評。

三、考試分數決定個人價值，學校排名成就家庭榮耀。

對我來說，**教「書」易如反掌，教「人」難如登天！**

仙女老師的悄悄話

★「以終為始」：「終」是結果，是目標。而「始」就是開始、就是現在正在做的事。「以終為始」正是清楚地以結果為目標，來決定現在要做的每一件事。

★教翻譯，背翻譯，知易；教觀念，用觀念，行難。

★老師應該有更重要的使命，帶著學生看到文本當中每一個不同生命的格調與存在。

這一句話，改變了他（她）

擦乾了眼淚，我們像要把十年來的故事一次說盡。益蓉又說了好幾次：「仙女妳影響我很多。妳都覺得一句話稀鬆平常，可是我們都記得。」

一〇六年六月三〇日，學期末最後一天，益蓉在學校打電話給我，畢業學生比我還早到學校肯定有事。

益蓉背對走廊，坐在我辦公桌旁，她一看到我，馬上站起來說：「仙女我想跟妳說一件事」，那表情像是發生了什麼無法解決的事，我的雙手握住她的雙手，通常這種時候都會是讓人震驚的大事，措手不及、出人意料的。

她說：「仙女，我考上教甄了。」我們都模糊了雙眼，以目前教育大環境不佳的狀況，少子化與教師員額控管，教師缺額僧多粥少，她能在教師甄試中攻城拔寨，在正取八名中考取第六名，我能想見付出多大的心力，我不停地從抽屜抽出面紙，她一張，我一張，眼睛周圍都是點點白色面紙碎屑，眼淚的流瀉是感動。

眼淚未停，接下來的話讓我的淚腺大開。「我一直想在六月二十五日這天跟仙女說的，我想說如果考上的話可以當作仙女的生日禮物。可是六月二十九日才放榜，昨天一放榜，我今天就特別來跟仙女說……。」

我：「可以傳訊息跟我說啊！」

益蓉：「我想親口跟妳說。仙女妳影響我很多。」

從陌生到熟悉的師生

九六年，我是益蓉的高一導師，她是個再平凡不過的學生，在我面前靜靜的，跟同學有說有笑，這現象很正常，學生跟老師不是這麼的熟悉，只能回答是或不是，要完整說一句話都很困難，外在形象都是閑靜寡言的。跟同學年齡相近生活經驗相似，說話沒有負擔，說一句鬧一句，每句都是哏，每一句都可以開懷大笑。

二〇〇〇年，益蓉大二，她修了中等教育學程，問我暑假可不可以到我班上見習三週，剛好那年二〇一升三〇一，是高二升高三的暑期輔導。益蓉天天來學校，即使只身為她一年導師，她很清楚我帶班的風格與要求，我們溝通班級經營與上課方式鮮少意見相左。這時候我了解她多一點，父母經常帶著她四處當志工扶助弱勢，她想成為學前特教老師，跟她修的中等教育學程相距甚遠。

她的見習記錄上寫著：「高中時，每天到校最期待的就是能在早自習看到仙女。因為早自習時，她總是會準時的到班一起參與我們的早自習，老師親自以身作則，反而讓我們更能接受她對我們的要求。

仙女總是會在早自習時，在黑板上寫下她想要告訴我們的話，每次看到她寫在黑板上的話，總會讓我感到很開心。字裡行間總能看到她對整個班級的用心。在整段文字的最後，她總會畫上她招牌的「笑臉」，只是一個簡單的笑臉，就能讓人在早自習有愉快的心情。

仙女的班級經營一直是令我感到佩服而神奇的，即便她的要求比其他導師更多、更嚴格，但是，令人困惑的是為什麼每一屆的學生，卻又總是愛她愛得瘋狂呢？」

這個暑假，我又了解益蓉多一點，也比較能明白她對我的感覺，補足我對她高一殘缺的記憶。

二○一二年，益蓉考上國北教特教早療碩士班，她在臉書上標記了我，「**終於還是朝有興趣的特教領域前進**，常常在臉書看到仙女的努力和成就，真的很感動又很羨慕。……師恩浩蕩！」「**選擇所愛是人生旅途最美好的策略**」，我這麼留言。

一年的師生相處能有多大的影響

擦乾了眼淚，我們像要把十年來的故事一次說盡。益蓉又說了好幾次：「仙女妳影響我很多。」

這麼講倒讓我覺得浮誇了，我也只教過她一年而已。高一學生嫩嫩的，很多事傻呼呼，搞不清楚狀況，她言過其實了！

益蓉：「**妳以前說要開風氣之先**。我大學時候想聽的課，我自己一個人坐在教室的最前面。妳也知道其他同學都坐得很後面。我也不覺得我這樣有什麼奇怪的。我大學時改了學校的某一項條文。我找其他的單位來支持我們的計畫……。」這真的不像高一時我們班上的益蓉，竟然成為開風氣的先行者，她的種種事蹟，我聽傻了眼。

益蓉：「**妳以前都要我們舉手回答**。我那時候每天都很怕上國文課，都很希望最好不要抽到我。大學時候，老師問問題我都會自己舉手，老師問問題都沒有人要回答，老師自己也覺得很無奈，我舉手跟老師互動，跟老師對話得多，學到的就多，老師有什麼機會也會讓我去試。」我記憶中沒聽過益蓉說過怕上我的國文課，但我知道，我教會她大方舉手。

益蓉：「**妳以前都要我們誠實**。班上很吵的時候，妳說講話的站起來，班上瞬間安靜都沒有人站起來。妳就會換一個說法，叫全班都站起來，才說沒講話的坐下來，這樣沒講話的人就會坐下來，仙女妳這麼相信我們，我覺得沒有必要騙妳。只是仙女這樣萬一學生騙妳，妳不會很受傷嗎？」這種感覺就像有些人年輕時逃票，成年後反而寄數百千倍票價，奉還給台鐵。我怎麼不知道哪些人說話呢？**當他們坐下來，心虛會讓他們反省，我不說破，下次他們會選擇不讓良心過不去。**

益蓉：「大學時修了中等教育學程，我發現自己沒有很喜歡中教。讀研究所時，我去幼稚園實習發現小朋友們很厲害，可以自己照顧自己，我發現自己還是比較喜歡特教，我想要去幫助那些弱勢的小朋友。研究所我重新修學前教育學分修了四十二學分，研究所三十三學分。研究所一年還要修二十幾個學分，我花了兩年半從研究所畢業。」益蓉邊說邊哭，我想她百感交集，**這是我第一次聽到有人碩士班修七十五學分，是一般人的兩倍以上。堅持所愛不以為苦。**

益蓉感慨地說：「我高中功課就是二十幾名，不是念什麼排名很好的高中，也不是念什麼排名很好的大學，研究所考上國北教，一畢業考上教甄。」**一個不被社會主流學習價值所期許的學生，找到自己的興趣，在重要戰役翻身**，這是我的學生劉益蓉，未來台灣教育的中流砥柱。

我們這一對愛哭的師生一把鼻涕一把眼淚的，被自己感動莫名的時候，我現在導師班的學生陳洤走了過來，靦腆地交給我一個牛皮紙袋，要我等他離開後再拆開來看。

他一踏出辦公室，我顧不得益蓉還在，火速的拆開來。信上寫著：「六月二十三日那一天，仙女妳親口跟我說『生日快樂』，我真的又驚訝又感動，因為**妳是第一個祝我生日快樂的老師，我一定會把那一幕記在心底**。……第一次這麼認真的寫大卡片給老師，還熬夜（現在半夜兩點三十分），妳一定很感動，對吧！」對啊！我臉上又多了好多白色面紙碎屑。「才一句生日快樂而已啊！」益蓉說：「妳就是這樣子！妳都覺得一句話稀鬆平常，可是我們都記得。」

教育是恆久的示範

這一天益蓉講的話比我還多，陳詮寫的卡片比我跟他說的話還多，我在想我做了什麼？讓這兩個相差了十屆的孩子對我做著同樣的事。**教育就是「我希望孩子怎麼做，我先做給孩子看」，生命就能影響生命**，改變了益蓉，也改變了陳詮。

仙女老師的悄悄話

★教育就是「我希望孩子怎麼做，我先做給孩子看」，生命就能影響生命，也改變了許多人。

★一個不被社會主流學習價值所期許的學生，找到自己的興趣，在重要戰役翻身，這是我的學生，未來台灣教育的中流砥柱。

孩子渴望父母和老師做到的事

我是個用心的老師，我正在學習縮小缺點、放大優點，肯定我的孩子就像肯定我的學生一樣，做個自在的母親。

我在班級經營與課程設計的演講中，最容易讓老師們迅速融冰的問題是：「我們的學生有哪些特質呢？」

這個問題精準地打中在場老師們的心，無論是數十人或是百人的場子，老師們毫不手軟的爭相舉手，這畫面可是在教師研習中相當罕見的，從老師們晶亮的眼睛可見這題目的共鳴度極有多高。他們不假思索的回答：

「不愛動腦」「好逸惡勞」「欺善怕惡」「游手好閒」「沒有目標」「根本不念書」「只知道滑手機」……

老師們發言踴躍且興奮，就像電腦抓到BUG，意氣風發，每出現一個負面答案，台下「對啊」「真的」的附和聲此起彼落，當「游手好閒」這答案出現時，甚至好幾位老師嘖嘖稱好，好幾輪下來，超過四十個答案，多數是負面形容。中間穿插「善良」「天真」「單純」的正面回答，有些老師點頭表示同意，同時間「有嗎？」的反問聲席捲而來。演講雖然順利開場，卻照見教學現場老師們的憂鬱，龍困淺灘。

我與我的學生家長

每回學校日，交待完帶班方式後，總會有為數不少的家長留下來與我懇談。

小恩媽媽：「仙女，小恩行為舉止特立獨行，怎麼辦？」我：「小恩是我見過少數反應快，又能跳脫窠臼的學生。」小恩媽媽：「難怪，我兒子很喜歡妳。」

天晴媽媽：「仙女，天晴在家從來都不念書，怎麼辦？」我：「天晴多才多藝，當班長又認真負責。」天晴媽媽：「難怪，天晴很喜歡妳。」

這些焦慮不只在學校日出現，LINE或電話間從未停止。我不只重複說著孩子的獨特，更因對學生與日俱增的認識提出更多更強而有力的佐證，這些是家長在家庭生活中可能沒機會看到或忽略的。

老師眼中我的小孩

安安即將升上國中，我與安安的小學老師與國中老師開了「轉銜會議」。

國中老師：「可以說說安安的狀況嗎？」小學老師：「安安需要老師嚴加督

促……。」

老師擔心安安上了國中停止學習，不進則退，期望國中老師能在學習上多協助安安，老師把安安的懶散形容得真好，講得很對，我跟著搭腔，身為家長的我極度不安，就像那些在學校日之後找我的家長。老師是關心安安的，老師講的都是事實，講得愈多，我心愈慌，愈心亂如麻。

一小時後……。

國中老師：「我可以看看安安的作業嗎？」

小學老師將安安的作業拿了出來，盡可能把安安的好全攤在會議室的桌上。

國中老師：「字寫得很清楚，文章也算通順，還有什麼需要注意的嗎？」

我天外飛來一筆的說：「她會自己洗澡喔！」「雖然肢體障礙，她可以獨立洗澡。」我像跳針一樣把同樣的話說了一次。

我：「總得說些安安的好。剛才好像都是講安安不好的，沒講到安安的好。」

大家笑了起來，風向變了，安安的優點像芝麻開門後的滿滿珍寶，我鬆了口氣。

老師眼中的老師的小孩

我問在場研習的老師們，「倘若今天是學校日，您希望孩子的老師怎麼形容你的孩子呢？還是一股腦的把孩子的缺點傾倒出來？」「你怎麼看待一個只會看學生缺點的老師呢？」

我們再重來一次好嗎？「我們的學生有哪些特質呢？」

老師們的回答轉為：「重視榮譽」「貼心有禮」「打掃認真」「準時放學」「不隨便請假」……

這些答案讓許多老師會心地一笑，老師們笑了，我也笑了。誰沒優點？誰沒缺點？**縮小缺點，放大優點，觀察視角的轉變乃解決教學困境的首要條件。**

孩子渴望父母和老師做到這件事

「轉銜會議」後，我頓時了解家長們為什麼對我特別有好感。

親師大不同：老師三年帶一屆，學生雖然難帶，總有跡可循，帶班技巧日漸純熟；媽媽面對孩子，每一年的成長都是磨練與挑戰。對我來說，**媽媽是當局者，憂心視作關心，常會慌了手腳，亂了分寸；老師是旁觀者，鼓勵視作關心，給了信心，加了力量。**

老師的可貴在於幫助父母看到孩子在群體中何其耀眼，在眾人中何其出色，一而再，再而三的「肯定孩子的優點」，讓孩子尊重自己特有的價值，讓家長學習「肯定孩子的優點」，擺脫世俗價值觀所左右的人生。

我是個用心的老師，我正在學習縮小缺點、放大優點，肯定我的孩子就像肯定我的學生一樣，做個自在的母親。

仙女老師的悄悄話

★縮小缺點，放大優點，觀察視角的轉變乃解決教學困境的首要條件。

★老師的可貴在於幫助父母看到孩子在群體中何其耀眼，在眾人中何其出色，一而再，再而三的「肯定孩子的優點」，讓孩子尊重自己特有的價值，讓家長學習「肯定孩子的優點」，擺脫世俗價值觀所左右的人生。

支持孩子做的決定

三類組學生通常不把國文當作重點學科，然而這堂課卻是立恆的舞台，他上課反應很快，沒教過的篇章能觸類旁通，掌握主旨與關鍵字。

立恆：「仙女，我媽在ＦＢ傳訊息給妳，妳有沒有看到？」

我：「沒有耶。」

立恆：「可能妳們不是好友就沒收到吧。」

我：「妳媽找我什麼事？」「妳媽不是應該找導師嗎？」

立恆：「不知道耶。」

這幾天，剛公佈學測成績，「或許是因為學測的成績打給我吧！」「立恆考得很好。我們學校的家長鮮少因為考得好而打電話給老師，通常考不好急著找老師的比率高很多。」我忖度著立恆媽媽可能找我的原因。

從辦公室到教室的路

高二不知道從什麼時候開始，立恆會在上課鐘響後和天駿一起，出現在我座位後方，靜悄悄的，備課的我未能覺察到後方有人，常是聽到後方熟悉的對話聲轉過頭，才發現他們兩人的存在。

上課鐘響，他們陪著我從三樓導師室走到四樓三〇八教室，興高采烈地說著一些前一分鐘前才發生的事，誰跟誰前一節課滑了一節課的手機，剛才打籃球誰被蓋了火鍋，就連天氣都成了話題，這些學生間的趣味提前讓上課有了好心情。

他們問我：「仙女，妳不覺得很奇怪嗎？為什麼我們會出現在這裡。」

我：「對喔！為什麼？」

「我們是特地來接妳的。」我止不住大笑，掩飾自己的後知後覺，我天真的以為他們是因為要回四樓，順路經過三樓拎我一起上去的呢！

這一小段路因為他們的參與，成了我生命中值得記憶的時刻。

思考反應快，作文頻卡關

三類組學生不把國文當作重點學科，然而這堂課卻是立恆的舞台，他上課反應很快，是小組裡的主將，筆一拿立刻把答案寫在白板上，沒教過的篇章他能觸類旁通，掌握主旨與關鍵字；教過的文學作品也能舉一反三，從〈庖丁解牛〉解釋莊子的〈齊物論〉，再回想蘇軾的〈赤壁賦〉，**沒有奇蹟，只有累積，國文愈發成為他的優勢學科。**

學測的手寫題規定一律以黑筆書寫，否則不予計分。偏偏立恆習慣用鉛筆寫作文，力道輕，字又小，我常說：「你再用鉛筆，我就直接打零分。」他照常用鉛筆寫作，我照常以紅筆寫著「請用原子筆」，我不會寫個大大的零，這樣的分數太刺眼，但這確實是張零分的學習單，**他不覺得我無理，我不覺得他無禮，我們望到對方的一意孤行，望到對方對自己的海涵，相安無事。**

即使立恆在國文課堂游刃有餘，作文卻不見起色，他的人生挫折不值得一提，對籃球也稱不上狂熱，取材始終是他最大的問題。他最常問我作文該怎麼寫？我回他：「寫你想寫的，寫你願意寫的。」高三上學期愈接近學測他拿稿紙練習作文的頻率更高了，寫了又寫，差強人意，為文造情缺乏生命力，我又說了「寫你想寫的，寫你願意寫的。」「反正也寫不好了，死馬當活馬醫，隨便你寫什麼都可以。」我加了兩個字「真的」。他「喔」了聲，說「這樣喔！」

陽光普照的星期一，我終於見到他寫得最好的一篇作文，第一段就感受到他何以較同齡男生沉穩，他寫了他的信仰，那是一股力量，平和恬淡的力量，家庭教育與教會的滋養潤澤造就了他的溫文，我邊拿著稿紙邊點頭，立恆找到寫作的主題令我驚喜。他擔心地問我：「寫這個不是很奇怪嗎？」「每個人都是獨一無二的，怎麼會奇怪呢？或許你對人的關心特別多也來自於信仰，也讓你在三類組的學生中更有情味。」

立恆，比較像是一類組的學生，那種具有人文關懷的學生。

我的任課班，國文最高級分出現在三類組

立恆是我高三的兩個班級中，學測國文級分最高的。他問我中文系念些什麼，似乎想填中文系，我自己念中文系，我常說「只要你喜歡就會有用」，他的導師建議他選填其他「有用」的學系，我不想左右他填志願，填表時他也沒再問過我。

學測成績公布之後，立恆媽媽找我，原來是要告訴我：「立恆義無反顧地說：『我的第一志願是中文系。』」「立恆的申請學校的表單上，六個校系都填了中文系。」

媽媽：「我們很支持他念中文系，念他想念的。」

我：「媽媽，您們好開明喔。」

媽媽：「老師您對於立恆的影響力，真是不容小覷！再次向老師您致上我與立恆爸爸的感謝！」

親愛的立恆我也想謝謝你

國文課不只讀文本，更讀學生們對人事物的敏感與關懷。

三〇八的兩塊木製講台上課時會無聲地自動分開，我的高跟鞋跟經常卡在微小的縫隙間，拔也拔不出來，學生看到我停在講桌前口裡雖講著課文，表情卻一臉的窘迫，竊笑不已，後來乾脆明目張膽的哈哈大笑。好幾次我險險跌倒，伴隨著尖叫聲，全班異口同聲大喊「謝立恆」，他一臉無辜地站到講台前，裝傻地問：「叫我做什麼？」同學們鬧著鬧著，要他把講台合併起來，他不推諉，一個人站到教室最右邊蹲下身費力地推著講台。我很好奇其他老師都不會覺得站在三〇八的講台上性命堪慮嗎？學生說：「我們班的老師都穿平底鞋，想掉也掉不下去。」又是一陣笑聲，就連我自己也無法忍住不笑。

有一陣子，講台不見深谷，我不再需要擔心高跟鞋跟斷在講台間。學生說：「立恆每次國文課前就把講台先合起來了。」這就是我認識的立恆。

若說人文素養是關心，是同理，立恆做得很好。

讓孩子自己做決定，找到自己的價值

立恆的媽媽不只一次向我道謝，我也不只一次回答「應該的」。我也要謝謝立恆的父母，謝謝您們把孩子教得這麼好。

能讓我們親師生彼此心存感謝的原因有三個：

一、老師的鼓勵讓孩子認識自己的長處與價值。

二、學生願意嘗試並勇於表達自己內心的渴望。

三、家長樂觀其成成為孩子最穩固的精神力量。

立恆這個三類組的孩子選擇念中文系，我和他的父母與他站在同一陣線。

仙女老師的悄悄話

★ 國文課不只讀文本，更讀學生們對人事物的敏感與關懷。

★ 教到打從心裡認同孩子興趣的家長，會讓老師內心狂喜不已。

★ 學習，沒有奇蹟，只有累積。

4-8

幫助孩子成為自己，成就他（她）的人生

在台灣，像天晴這樣的孩子，不少，很多；像天晴這麼幸運家長與老師能平和溝通的，不多，很少。

學測後兩個月，天晴傳訊息給我。「仙女，我媽媽好像生病了……，我也不知道怎麼辦？我都還沒做些什麼讓她驕傲的。唉！」

我：「癌症？」

天晴：「可能吧！下星期檢查報告才會出來。」

兩週以來，天晴若有所思的不太說話。她正承受一長串從天而降的消息，這些卻都不是禮物，學測成績吊車尾，申請學校頻撞期，無端端地憑空又添了一樁，雪上加霜，連帶地我也擔心了起來。

家長說出口，老師好上手

學校日通常在開學的第三週，這個時候，我對學生的了解微乎其微，無法深入地跟家長談些什麼。天晴媽媽特地留到最後，告訴我：「仙女老師，妳是我們家天晴最喜歡的老師。」媽媽說天晴經常提到我，提到我是一個特別的老師，提到我的上課方式，提到很多關於我的事，我感覺到媽媽對我的好感。難怪，天晴常來找我，常來辦公室繞繞，說些她想跟我說的話，她的家庭，她的社團，她的喜好……，我看著她說話的樣子得知她的心情。

相較兒童期，青春期孩子更重視同儕，還願意跟父母談論校園生活的孩子並不多；相較兒童期，父母願意聽孩子說話的時間也縮短了；父母願意跟老師分享親子互動的更是屈指可數。**而我和天晴媽媽就像舊識，天晴幫我們的相處打下基礎。**

師生從接受彼此最初的樣子開始

初開學，天晴給了我一張折成菱形的活頁紙，拆開來雙面都是十七歲的她。

第一面是關於她的二十個想法，「覺得任何感情裡面最重要的都是信任」、「我喜歡笑，開心也笑，難過也笑，不知所措就只記得笑」、「我不勇敢也沒什麼安全感，但我會表現得很堅強」、「我覺得人生要學著，負責」……。每一點都讓她散發出與眾不同的光芒，文字裡的敏感和執著讓她輕易在我心上著陸。

第二面，她寫「嗨！我想讓妳了解我，因為我喜歡妳」，這告白滿滿的都是信任，我期望能借力使力盡我所能的幫助這個孩子。「國中時怕麻煩、怕承擔責任沒當班長，高二誤打誤撞地當上了班長，一當就當到了畢業」。我對她只有嘉許與感謝。

後來熟了，她看到我會撲過來親我，嘴上塗著桃紅色的口紅見獵心喜地往我臉上親，她知道我會躲，她樂得開心，我從閃躲到坐在位置上閉眼緊張地接受；她看起來神經很大條，骨子裡的倔強只是不想麻煩旁人；她想要賺好多的錢收養流浪動物，家裡三隻流浪貓被養得胖胖的；她也會賴在辦公室拜託我，找點事情給她做，她不想坐在教室裡發呆，我毫不留情催促地說：「鐘響了，快回去上課。」她只好噘著嘴離開。除了有一回班會記錄簿上寫著「學校很爛」，那四個字是班會記錄的同學寫的，學務處廣播三〇四班長到學務處，把她叫去念了一個中午，我才留她在辦公室一節課，讓她盡情地哭，她也沒有埋怨誰，讓我看到了身為班長概括承受的擔當。**「每個學生都有自己的樣子，天晴就是這樣子，我樂於接受她的樣子，也喜歡她現在的樣子。」**

親子關係禁不起課業恣意的摧殘

天晴學了十年的舞，從幼兒律動跳到芭蕾、武術、中國肢體、現代舞，國中是長笛首席，寫作、畫畫與英文都是她的強項，上台發表也難不倒她，「**這麼出色的**

孩子在我們的高中教育處於劣勢，只是因為她眾多學科敬陪末座！」

一蹶不振的課業讓母女談話經常失焦，無法繼續，天晴常常跟我說她有多麼地愛媽媽，講著講著眼眶就紅了，大把地衛生紙擤著鼻涕，不顧形象的，我就這樣看著她哭，她哽咽地說：「仙女，我媽媽會聽妳的，妳打電話給她好不好？」**母親懸著、盪著、牽絆著的，無非是對整體教育環境的抗議，不自覺全轉嫁到天晴的耳朵裡。**天晴乖乖到補習班上課，多得到她一點也不在意的一分、兩分，來安母親的心。

天晴媽媽與我，用看似不同的方式愛天晴，憂慮與樂觀，懷疑與肯定，無助與扶持，天晴在媽媽那邊受到指責，在我這裡得到溫暖，這都是愛，她懂。

放下成績對親子都是解脫

我記得跟天晴的約定，我經常跟天晴媽媽聊我認識的天晴，這個我長期觀察的孩子，**課業的無力無損於她的光彩**。

「天晴熱衷哪些事？天晴的時間都花在哪裡？」

「念書的天晴與繪畫的天晴哪個看起來專注而有神？」

「天晴的寫作、英文、繪畫、口語表達……是她的利器。」

媽媽從「天晴數學不好」、「天晴很少花時間在課業上」到接納我對天晴的肯定，嘗試用不同的角度看天晴，比以往更包容天晴，在心理上理解天晴，我知道媽媽很努力，同樣地，天晴也感受得到。

在台灣，像天晴這樣的孩子，不少，很多；像天晴這麼幸運家長與老師能平和溝通的，不多，很少。

否極泰來，好事接踵

十四天後，天晴媽媽傳訊息給我，檢查無恙，我鬆了好大一口氣，至少我們還有時間，等待天晴帶給我們的驕傲。

我回了訊息給天晴媽媽：「我還想說要收養她了。現在不用了，媽媽健康得很。」天晴媽媽：「若真是這樣，我毫無遺憾啊！」

一週後，賴床的天晴到學校的第一句話竟然是：「仙女，我北藝大第一階段通過了。」普通班的她以優秀的作品集在眾多美術班學生中脫穎而出，**她的優秀在我**

心裡是不爭的事實，評審的加持才讓周遭的人對她刮目相看。親愛的天晴，最後雖然沒能通過第二階段的面試，我相信文學與藝術終將成為她生命中的養分。

老師與家長做這三件事會讓孩子的學習更有方向

一、聽孩子說他想說的才能開啟對話。

二、課業只是學生眾多學習目標之一。

三、師長的天賦就是認同孩子的天賦。

我和天晴媽媽陪著天晴走她想走的路，**「幫助孩子成為她自己，成就她自己的人生。」**

仙女老師的悄悄話

★每個學生都有自己的樣子，我樂於接受他們的樣子，也喜歡他們現在的樣子。

★出色、多才多藝的孩子在高中教育卻處於劣勢，只是因為眾多學科敬陪末座！

★家長與老師用看似不同的方式愛著孩子，憂慮與樂觀，懷疑與肯定，無助與扶持，這些都是愛。

畢業典禮之後，你還願意與老師對話嗎？

師生擺脫成績之後，即將遠走之後，畢業典禮之後，孩子們還能將感動化為文字，自是教學最美好的事。

「仙女，我要畢業了，妳會不會想我？」

這是畢業前夕學生最常問我的問題。我教過的學生，縱使畢業我也叫得出名字，我的答案毫無疑問。

我反問：「你到底拿不拿得到畢業證書？」高中生即使沒拿到畢業證書也可升上大學，今年將近三分之一學生拿不到畢業證書，於是，學生的答案模稜兩可。

畢業證書代表學科表現，並不能全然解讀你是個什麼樣的人。

教學著重「生命」的差異化

往年畢業典禮都會落淚的我。今年，畢業典禮，我沒有太多的傷感，很鎮定地參與每一個過程。

直到大螢幕上出現各畢業班導師對班上學生的祝福，我看到影片中的自己，講著平日常講的話，眼淚完全止不住地流。四十五個人的班級，人數實在太多，每個學生有自己的個性，要顧及到每一個學生，還希望能重視個別差異，當導師實在是太吃重的工作，負擔過重，壓力過大，在影片裡我看到這一屆疲憊的自己。

政府花了大筆的經費強調學科「差異化教學」，即使免費，學生仍舊興趣缺缺。**真正的「差異化教學」應該是看到「生命」的差異，教育才有張力。**我這三年之所以累，正因為此。

「溫度」絕對測得出來

三〇四送了我手作的摩天輪，每一層放著學生寫的小卡。五乘八點五公分的卡片，小小一張，能寫什麼？

「仙女，這兩年來，我真的學到很多事，妳對凱安的態度，讓我內省了我高一的班級。那時，我們對他非常惡劣，可是妳不一樣，**妳對他的態度是積極且正面的，所以，學生的我們才會好好待他。**從妳對凱安的事情的處理，我認為仙女妳真的教會了我們『做個有溫度的人』……。」

從一〇二到一〇四學年度，三年很長。在導師班，我重複不斷做得最多的一件事，就是在學生面前示範如何對待特殊生，而不是用隔離保護或者一味責備。

謝謝這孩子，讓我知道我做的事，打動了她。**教師的身教才能激發同理心，阻**

止霸凌，而讓她自省對凱安前後的態度，期許自己未來更好。

「家教」絕對看得出來

跟往年比起來，畢業典禮前後，來向我致意的家長明顯增加，「謝謝老師的付出」，我熱情以對。

我從未見過莉雲母親，但我和莉雲經常聊到她的母親，他們一家人感情很好。她跟我說：「仙女，我媽畢業典禮會來。」我說：「我想當面謝謝妳媽媽」。這一天，我雙手握著莉雲媽媽的手，謝謝媽媽把莉雲教得這麼好，因為莉雲的熱情讓凱安在班上不致孤單，莉雲爸爸在一旁也很開心。**孩子的表現是父母的外顯行為。**

謝謝莉雲的父母，**你們從小讓孩子習慣跟你們說話，才能覺察到她高中的成長**，而來向我道謝，謝謝你們把小孩教得這麼好。

「真愛」絕對寫得出來

畢業前夕，全班合寫的卡片是心意，個人寫的卡片是真愛，我都收到了。

姿君我教了她三年，三年都是我的國文小老師，她在同學面前總是幫我說話，就算我沒要求課後心得，她也會寫下與我分享。「**最想念的還是仙女的國文課，仙女教我不以物喜，不以己悲。讓我看見不一樣的世界，不再因為不如意的事情而停留在原地**」，她讓自己勇往直前，PBL報告、簡報、上台教課，她都全力以赴。

妤宣我也教了她三年。高一，她說：「我國文很爛」，我說：「有我在別怕」，高三時，出版社請我寫稿，我放上是她的學習單圖文對照，她很高興。**在她高中歲月裡只有兩種課，一種是國文課，另一種統稱為無聊的課。**

鈺淇寫了三張信紙，她提醒我不應該太過悲觀，不應該因為一兩個學生不受教而灰心喪志。她說從來沒想過自己的國文可以變得那麼強，她告訴我，我的教學方法是有效的。她說：「**因為仙女妳願意嘗試，所以，在眾老師中是突出的**」。

子倢高二出缺勤不太理想，我一直找不到貼近她內心的方法，但她遇到無法接受的狀況會寫紙條給我。高三我們的關係轉變了，她幫了我許多忙，她寫著：「**不輕言放棄，是我從您身上學到的寶貴事情。**」不只處事如此，對她，我也如此。

芊惠給我一封長信。畢業前她就一直說會送我一個很特別的禮物，親手畫了頂極有特色的帽子給我。她知道我不希望她成為考試的機器，她知道我花了兩年教她「做人」，**能改變她對分數的迷思讓我很有成就感。**

昱伶是個清新脫俗的小女生，我經常跟她說：「有事歡迎來找我。」她寫著：「跟仙女說話會緊張，但是我是真的真的很喜歡仙女，也喜歡仙女的上課方式，**段考前不用太煩惱怎麼讀書。**」她對國文學科產生興趣，課堂的學習足以應付考試。

芳儀還得參加指考，還是做了張卡片給我。她高二國文高分過關，論孟上課卻不肯上台報告，這讓我當時給分時極為困擾，最終還是當掉她。高二下學期我帶著她們去南港國小對小學生報告，高三下學期她像個瘋狂演說家在講台對同學授課，她謝謝我讓她的膽子變大了。

亦琪是我高一導師班的學生，剛到萬芳她極不習慣，她想讓自己變得更好，她盡全力念書，她認為是我讓她對萬芳改觀，雖然我們同班的緣分只有一年。後來，走廊上遇到會打招呼，早自習我經過她們班也會相視而笑。

祥勻我壓根沒教過她，但我們經常在走廊上遇到，一般學生匆匆走過，祥勻在飲水機裝水會大叫「仙女」，她來導師室會經過我座位說上幾句話，節慶時她會送給導師她手繪的卡片，我也連帶地拿到卡片，這種看對眼的師生情誼很特別。師生擺脫成績之後，即將遠走之後，畢業典禮之後，孩子們還能將感動化為文字，自是教學最美好的事。

畢業典禮之後，學生和家長還願意與老師對話的原因有三個：

一、身教重於言教，習慣才成自然。

二、家庭重於學校，親情才是主力。

三、團體重於個人，溫度才能利他。

符合這三點，我認為每個孩子足以取得畢業證書。

仙女老師的悄悄話

★教師的身教才能激發同理心，阻止霸凌。

★政府花了大筆的經費強調學科「差異化教學」，即使免費，學生依舊興趣缺缺。真正的「差異化教學」應該是看到「生命」的差異，教育才有張力。

AI望塵莫及的溫度與情味

學生排練時認真，排練後自發收拾，課後活動還願意給老師面子出席，肯定要大大鼓勵，但當好人容易，不鄉愿卻是老師的天職，該點出的問題還是得檢討。

同事慧貞從一〇三學年度就開始問我，「我們請駐校藝術家來上課好不好？」我每年都說好，每年都是口袋空空。好不容易一〇五學年度駐校藝術家「王立安導演戲劇與課程的對話」計畫通過了，經費又趕著得在十一月核銷完畢。

有了經費，又有了新的困難，哪些學生有意願參加？我們詢問了其他班級學生，由於沒有前人成果的庇蔭，學生想當然爾一口回絕我們，需要費好大力氣卻不一定有豐碩成果的事，只有傻子才會想做。

我這年帶高一，若九月開辦，將會是高二新班級的學生參與，我最快要兩個月才能讓班級上軌道，若要師生同心最少得花三個月，**師生關係若未建立好，所有善意都將變成通往地獄的道路，步步驚心**。我跟導師班一〇六說了這個計畫，他們感覺有趣，同意加入，這一年跟著我，他們也了解**投資自己就是最好的投資，把握機會，培養能力**。另外找了一〇七班的五名學生，我對他們站在舞台上很有信心。

王立安導演讓我們在忙碌的行事曆中見縫插針，避開我和慧貞六月中赴韓國參訪的日期，好不容易挑了六月第一週的週一和週二下午共三堂課，該調的課我們都排除萬難調好了，就連趕課中的數學老師也配合我們調整進度。

六月中，我們在韓國參訪華僑中學，慧貞說：「我來幫學生訂便當，讓學生練習完就可以吃晚餐。」這也太溫馨了，**教育的熱情來自老師的身先士卒。**

用請臨演的價碼請「金頭腦」導演出場

王立安導演曾為紙風車劇團的資深編導，被紙風車文教基金會執行長李永豐先生稱譽為「金頭腦」，導演來回於台灣與大陸之間，致力於兩岸文化創意產業的戲劇發展，**他跟我們談的是教育，談的是理念，談的是課程的價值**。我們這個小小的社區高中估量也花不起請導演的費用，我想到我帶平平安安去看紙風車一個場次好幾百個觀眾，今天我們不到四十人的小場子，導演肯來，無非因為慧貞是導演的學妹，還帶了戲曲學校老師們從旁指導，有種到買一送三賺很大的超值感。

六月初訂好了日期，導演家裡發生巨變，我和慧貞打算計畫無限期順延，但就在我們赴韓國參訪前，重然諾的導演與我們重新敲定日期，改在六月底，我原先調好的課全部作廢。新訂的時間近於期末，調課甚難，再加上距離段考不到兩週，只能跟學生商議放學從四點留到七點，兩次課程，一次成果發表，共九個小時。

導演的情義相挺讓擱淺的計畫得到了活水，我和慧貞重新燃起希望，我們都知道這是個千載難逢的機會。

學生讓自己成為什麼樣的人

與其強迫學生參加，事後又被學生與家長嫌到口水直流，我開宗明義跟學生說：「不想來的請在這兩三天告訴我，不要勉強參加。不要不好意思說，不想來請告訴我。」當天三個學生一下課就說不參加。隔天一個說不參加。韓國回來的前一天還有一個學生傳訊息說不參加，**主動退出是最快的篩選機制**。

六月十九日上課當天一早，兩個小女生跑到辦公室說不留下來了。我問：「為什麼不參加？所有事情都安排好了，臨時才說太不負責任了。」她們說：「因為妳在韓國沒辦法告訴妳。」一句話讓我震怒。「妳平常請假傳訊息給我，我都接受。我在韓國妳也可以傳訊息，而不是把自己不早點告知的狀況推託於我去韓國參訪。」接著有三、四個男生來辦公室，他們的意圖大致跟小女生相同，我逕自說：「下午就要上課，早上才來說不參加，太惡質。工作全都分派妥當了。」

第一節下課，兩個小女生又來，「仙女，我們把便當錢給妳，我們就可以回家了吧！」又有一個男生說：「我不參加喔！我要回家打電動。」學生輕浮的態度對比導演一言九鼎的承諾，我有種沒把學生教好的無力感。

啟動戲劇與課程對話的跨領域課堂

第一次上課，歷經學生要來不來的輕慢，下午四點我到了團輔室，眼見空蕩蕩的團輔室，我比任何人都想離開現場。

立安導演果然是資深劇場工作者，一破冰，學生就像被催眠聽從他的指令，迅速融入導演設計的情境中，兩兩互背，兩兩由坐迅速站起來，默契培養與伸展肢體，教室內笑聲與哀嘆交錯，哇哇哇的驚豔聲，哎唷喂呀的懊惱聲，求好心切的發出了許多表達情緒的聲音，我也約慧貞兩兩相背，背了好幾次都沒能成功，學生在一旁指點成功訣竅。直到導演下了下一個指令，教室才又回復短暫的平靜。

將課程與戲劇結合是這六小時課程的精華，學生對於「唐詩」與〈赤壁賦〉的詮釋不太明瞭，整組人馬紛紛拿起手機查詢，能在適當時間運用手機是現代學生必備的能力，新詩雖可從字面上了解意思，學生們卻因為第一次表現而忘記獨白須大聲，忘記抬起頭看著大家說話，忘記站在觀眾可以看得到的視角等演出上的疏忽，所幸學生的創意能彌補生硬的演技，瑕不掩瑜。

立安導演最後的講評，將我們的學生與領培營學生相提並論。所謂領培營是各校前幾名的學生經過層層關卡才能參加的暑假六天五夜營隊，我們的學生能在六小時的課堂中凝鍊出出人意表的舞台效果，我為一〇六與一〇七的學生感到驕傲。

當一個不迴避問題的老師

有了第一次課堂成功的經驗，六月二十一日第二次上課，我沒有特別提醒學生要守時。四點我到團輔室，導演已經在裡面等候，四點十分只來了十幾位學生，學生們說體育課剛下課，我不停地跟導演陪笑臉，導演也能體諒學生一身汗的疲累；四點二十分又來了十個學生漫不經心的說其他人還在籃球場打球，我請腳程快的學生把球場的學生找過來，全員到齊剛剛好四點半，課程整整延後半個鐘頭。**我沉住氣，不在導演面前教訓學生，檢討小孩我關起門再教。**

課程在學生們「謝謝導演」聲中結束，謝謝導演們豐厚了我們的學習。七點多課程結束，學生們又恢復了班級行事的效率，幫忙發便當，坐在走廊上吃便當，收廚餘。近八點，看著學生都離開了，我累得把手放在方向盤上好一會才回神開車。

學生排練時認真，排練後自發收拾，這種課後的活動還願意給老師面子出席，肯定要大大鼓勵，**但當好人容易，不鄉愿卻是老師的天職**，活動結束隔天，我與學生檢討以下五件事。

一、什麼是勇氣？事前說不參加是勇氣，當日才說不參加叫人生氣。

二、什麼叫反省？為什麼是我這個沒遲到的老師跟導演鞠躬表示歉意，遲到的人跟導演、跟老師致歉了嗎？

三、什麼叫尊重？課堂玩手機，吃東西，讓人家誤以為全台灣高中生都如此，一鍋粥因你而走味，糟蹋了導演與老師的心血，欠缺的是對人的尊重。

四、什麼叫幸運？領培營報名人數眾多，名列前茅才能雀屏中選。這一次不管你第幾名，只要你想來，我們張開雙臂。

五、什麼叫溫度？練習時仙女幫你們拍攝影片；實習老師協助拍照；慧貞老師為你們訂便當；團輔室冷氣不夠冷，輔導主任和老師還搬了輔導室的電扇過來；導演和老師們遠道而來，你們跟這些人道謝了嗎？

若問我為什麼堅持教學不斷地求變？為什麼跟學生講這些不中聽的話，**老師能影響學生的不就是這樣的態度嗎？這是AI望塵莫及的溫度！師生間才有的情味！**

仙女老師的悄悄話

★師生關係若未建立好，所有的善意都將變成通往地獄的道路，步步驚心。

★學生應該清楚：投資自己就是最好的投資，把握機會，培養能力。

★當好人容易，不鄉愿是老師的天職。

慢慢來我等你

等待是最溫柔的對待，一場用生命守候的教育旅程

作　　者　余懷瑾
編　　輯　羅德禎、吳嘉芬
美術設計　何仙玲
封面攝影　楊志雄

發 行 人　程顯灝
總 編 輯　呂增娣
主　　編　徐詩淵
編　　輯　吳雅芳、簡語謙
美術主編　劉錦堂
美　　編　吳靖玟、劉庭安
行銷總監　呂增慧
資深行銷　吳孟蓉
行銷企劃　羅詠馨

發 行 部　侯莉莉
財 務 部　許麗娟、陳美齡
印　　務　許丁財
出 版 者　四塊玉文創有限公司

總 代 理　三友圖書有限公司
地　　址　106台北市安和路2段213號9樓
電　　話　(02) 2377-4155
傳　　真　(02) 2377-4355
E － mail　service@sanyau.com.tw
郵政劃撥　05844889 三友圖書有限公司

總 經 銷　大和書報圖書股份有限公司
地　　址　新北市新莊區五工五路2號
電　　話　(02) 8990-2588
傳　　真　(02) 2299-7900

製版印刷　卡樂彩色製版印刷有限公司
初　　版　2017年9月
一版六刷　2023年5月
定　　價　新台幣320元
ＩＳＢＮ　978-986-95017-7-4（平裝）

SANYAU
http://www.ju-zi.com.tw
三友圖書
友直 友諒 友多聞

國家圖書館出版品預行編目 (CIP) 資料

慢慢來我等你：等待是最溫柔的對待,一場用生命守候的教育旅程 / 余懷瑾著. -- 初版. -- 臺北市：四塊玉文創, 2017.09
面；　公分
ISBN 978-986-95017-7-4(平裝)
1.親職教育 2.子女教育
528.2　　106015176